墨香财经学术文库

U0656625

行政诉讼答辩实战指南
理论、实务与案例

Administrative Litigation Defense Practical Guide
Theory, Practice and Cases

刘颖 著

东北财经大学出版社
Dongbei University of Finance & Economics Press
大连

图书在版编目（CIP）数据

行政诉讼答辩实战指南：理论、实务与案例 / 刘颖著． —大连 ：东北财经大学出版社，2024.6

（墨香财经学术文库）

ISBN 978-7-5654-5241-3

Ⅰ.行… Ⅱ.刘… Ⅲ.行政诉讼法-研究-中国 Ⅳ.D925.3

中国国家版本馆 CIP 数据核字〔2024〕第0078953号

东北财经大学出版社出版发行

大连市黑石礁尖山街217号 邮政编码 116025

网　　址：http://www.dufep.cn

读者信箱：dufep@dufe.edu.cn

大连永盛印业有限公司印刷

幅面尺寸：170mm×240mm 字数：207千字 印张：14 插页：1

2024年6月第1版 2024年6月第1次印刷

责任编辑：李 彬 惠恩乐 责任校对：一 心

封面设计：原 皓 版式设计：原 皓

定价：68.00元

本书是 2013 年度辽宁社会科学基金规划项目成果（项目编号：L13DFX042）。

前言

　　中国的行政答辩制度伴随着行政诉讼制度的建立而逐渐发展起来，在行政诉讼制度建立之初，行政答辩并未受到足够的重视，很多行政机关对答辩的程序和要求并不明了。随着法治建设的推进和公民法治意识的提高，行政诉讼案件逐渐增多，行政答辩的重要性也逐渐凸显出来。在过去的二十多年里，我国对行政诉讼制度不断改革和完善，其中也包括对行政答辩制度的改进。这些改革措施为行政答辩的规范化、专业化发展奠定了基础。

　　随着2014年《中华人民共和国行政诉讼法》的修订和实施，行政答辩的程序和要求得到了进一步明确。此外，各地政府也相继出台了关于加强行政应诉工作的指导意见，为行政答辩的规范化发展提供了有力保障。近年来，越来越多的行政机关开始重视行政答辩工作，积极履行答辩职责，在答辩状的撰写上更加规范、翔实，能够充分运用法律知识和答辩技巧来阐述行政行为的合法性、合理性和正当性。同时，一些行政机关还建立了专门的应诉团队，提高了答辩的专业化和精细化水平。尽管行政答辩制度在实践中取得了一定的进步，但仍存在一些问题和挑战。例如，部分行政机关对行政答辩的重视程度不够，导致答辩质量不高；一些行政机关在答辩中存在事实不清、证据不足、法律依据不充分等问题；还有一些行政机关缺乏专业的应诉团队和人才，难以应对复杂的行政诉讼案件。这些问题需要在未来的工作中加以关注和解决。

随着立案登记制度的实施，行政机关面临的应诉压力持续攀升。为了有效应对这一挑战，最高人民法院发布了《关于推进行政诉讼程序繁简分流改革的意见》（法发〔2021〕17号）[①]，该文件为行政案件的繁简分流、轻重分离和快慢分道提供了明确的指导，对推动行政争议的实质性解决起到了至关重要的作用。根据《中华人民共和国行政诉讼法》第六十七条的规定[②]，被告应当在收到起诉状副本之日起十五日内提交答辩状，这是行政机关应诉过程中的一个关键环节。答辩内容的质量直接关系到行政机关能否有效呈现其证据和法律依据，进而对案件判决的胜败产生决定性影响。同时，最高人民法院行政审判庭发布的《关于行政案件上诉率高、申诉率高问题的调研报告》[③]揭示了当前行政诉讼领域的一些发展趋势。报告指出，行政案件的上诉率和申诉率长期保持在较高水平，且近年来呈现上升趋势。在这些案件中，涉及的行政案由主要集中在"行政强制""行政征收、征用及补偿""行政处罚""行政赔偿""行政确认""行政登记"等领域。同时，从行政管理领域的角度看，"城建""资源""公安""劳动和社会保障""乡政府"等领域上诉案件和申诉案件最为集中。在面临行政诉讼所带来的严峻考验时，行政机关如何构筑坚实且反应迅速的应诉防线，已成为提升行政诉讼案件处理质量、促进行政执法水平持续提升的关键环节。基于笔者超过二十年的行政诉讼理论研究与实践经验，本书以2015年开始实施的《中华人民共和国行政诉讼法》为起点，对《最高人民法院关于适用〈中华人民

[①] 最高人民法院.最高人民法院关于推进行政诉讼程序繁简分流改革的意见［EB/OL］.［2021-05-28］. https://www.Court.gov.cn/zixun/xiangqing/306061.html.
[②] 《中华人民共和国行政诉讼法》第六十七条规定："人民法院应当在立案之日起五日内，将起诉状副本发送被告。被告应当在收到起诉状副本之日起十五日内向人民法院提交作出行政行为的证据和所依据的规范性文件，并提出答辩状。人民法院应当在收到答辩状之日起五日内，将答辩状副本发送原告。被告不提出答辩状的，不影响人民法院审理。"
[③] 最高人民法院行政审判庭.关于行政案件上诉率高、申诉率高问题的调研报告［N］.人民法院报，2023-04-23.

共和国行政诉讼法〉的解释》（法释〔2018〕1号）①、最高人民法院发布的典型案例、法官会议纪要等裁判观点进行梳理，从行政答辩的角度，通过笔者以律师身份代理的案例，为行政机关行政诉讼答辩提供实战指南。

刘　颖

2024年3月

---

① 最高人民法院.最高人民法院关于适用《中华人民共和国行政诉讼法》的解释［EB/OL］.［2018-02-07］.https://www.Court.gov.cn/fabu/xiangqing/80342.html.

目录

第1部分　行政诉讼答辩策略

第1部分　行政诉讼答辩策略

1　被告主体资格不适格的答辩

在行政诉讼中，被告不适格是一个重要的法律问题。从理论上看，行政诉讼的被告应当是作出具体行政行为的行政机关或法律法规授权的组织。如果被告不适格，即被告并非作出具体行政行为的主体或者没有法律法规的授权，那么行政诉讼架构就失去了合法的基础。在答辩理论上，被告不适格的答辩主要围绕两个方面进行：一是证明自己是适格的被告，即具有处理该行政事务的职权和职责；二是说明原告起诉的对象错误，引导原告更换正确的被告。由于行政机关组织系统的复杂性和行政职权可分性的特点，被诉行政行为呈现出非常复杂的情况，导致"谁作为被告"的问题经常出现，确认适格被告的诉讼规则就显得非常必要。

1.1　行政诉讼被告界定及确定行政诉讼被告一般原理

1.1.1　行政诉讼被告的界定

行政诉讼被告是指被公民、法人或其他组织起诉某一行政行为侵犯其合法权益，而由人民法院通知应诉的具有国家行政职权的机关或者组织。一般来说，行政诉讼被告应具备四个要件：第一，须是具有国家行政管理职权职责的机关或组织。第二，须是原告认为其作出的行政行为（作为或不作为、法律行为或事实行为等）侵犯原告合法权益而被起诉的机关或组织。没有实施某种行政行为或者实施的行政行为和原告认为被侵犯的合法权益没有因果关系的，不能作为被告。第三，须是能够独立承担法律责任的机关或组织，法律另有规定除外。第四，须是由人民法院通知其应诉的机关或组织。被告地位的确定是因人民法院通知应诉，被告才享有诉讼中的权利和承担诉讼中的义务。

1.1.2　确定行政诉讼被告的一般原理

1）行政诉讼被告特殊性

（1）行政主体必须是享有并行使行政职权的机关或组织。这主要用于区别企业行政或私人行政，因为"具有并行使行政职权"是行政主体最根本的特性。

（2）行政主体必须是能以自己的名义实施行政活动的组织，以他人的名义，代他人实施行政活动的组织就不是行政主体，而是行政主体的内设或委托机构或组织等。

（3）行政主体必须是能够独立承担行政责任的组织。这是行政主体在法律上具有独立人格的重要特征，不具有这个特征就无法承担法律责任，原则上就不能赋予其行政管理职权和职能，也不能独立参加行政诉讼。

2）行政诉讼被告确定要素

根据上述要件，在我国确定行政诉讼被告时应当考虑以下四个要素：

（1）在程序上，受公民、法人或其他组织起诉，且由人民法院通知应诉的机关或组织。

（2）在实体上，行使国家行政管理职权职责并作出具体行政行为，且该行为被公民、法人或其他组织认为侵犯其合法权益的机关或者组织。

（3）在组织上，属于能够独立承担法律责任的机关或组织，亦即行政主体。

（4）在方便性上，即使不属于行政主体，为便利当事人诉权的行使，亦可作出例外规定，将非行政主体的组织在行政诉讼中作为被告。

1.2　被告资格不适格案件的实务解析与研究

在行政诉讼中，被告的适格性对于案件的合法性和公正性具有至关重要的影响。当被告不适格时，不仅可能导致原告的诉求无法得到满足，还可能对行政诉讼的效率和公信力产生负面影响。在行政诉讼实务中，准确确定被告的身份和资格是非常重要的。被告主体资格是否适格，是解决谁应诉、谁答辩、谁举证、谁承担法律责任的问题。

1.2.1　实务解析

1）行政诉讼被告不适格的情形

行政诉讼被告不适格的情形包括但不限于以下几种情况：

（1）被告身份不明确或错误。例如，原告错误地将某个行政机关或组织列为被告，而实际上该机关或组织并非作出具体行政行为的主体。

（2）被告不具备行政主体资格。即被告在法律上不具备独立承担行政责任的能力，如内部机构、派出机构等未经法律授权而以自己的名义作出行政行为。

（3）被告与案件无直接关联。即被告与原告所诉的行政行为没有法律上的利害关系，因此不具备成为被告的资格。

2）行政诉讼被告不适格的审查

（1）立案审查阶段。在行政诉讼的立案审查阶段，法院应当对原告的起诉状进行仔细审查，核实被告的身份信息和主体资格。如果发现被告不适格，应当告知原告更正，并说明理由。如果原告坚持起诉不适格的被告，法院可以裁定不予立案。

（2）审理阶段。在审理阶段，如果发现被告不适格，法院应当依职权进行调查核实。如果确实存在被告不适格的情况，法院应当裁定驳回原告的起诉。同时，法院应当向原告释明法律规定和诉讼风险，引导原告正确行使诉讼权利。在必要时，法院可以依职权追加适格被告或通知原告变更适格被告。

（3）救济途径。对于因被告不适格而被裁定驳回起诉的案件，原告可以根据法律规定提起上诉或申请再审。在上诉或再审过程中，原告应当提供新的证据或理由证明存在适格被告，起诉符合法律规定。

1.2.2　实务研究

在实务中，被告不适格的答辩应当紧紧围绕原告的诉讼请求及其事实和理由展开，针对原告的主张进行反驳和解释。这需要被告对原告的起诉状进行仔细的研究和分析，找出其中的漏洞和错误。被告在答辩中应当注意法律程序和法律规定的适用，确保自己的答辩符合法律的要求。这需要被告对行政诉讼的法律规定有深入了解和掌握，能够准确运用法律条款来支持自己的答辩。

1）裁判规则梳理

（1）法律规定

在2015年修订的《中华人民共和国行政诉讼法》（以下简称《行政诉讼法》）第二十六条①直接规定：公民、法人或其他组织直接向法院

---

① 《中华人民共和国行政诉讼法》第二十六条："公民、法人或者其他组织直接向人民法院提起诉讼的，作出行政行为的行政机关是被告。经复议的案件，复议机关决定维持原行政行为的，作出原行政行为的行政机关和复议机关是共同被告；复议机关改变原行政行为的，复议机关是被告。复议机关在法定期限内未作出复议决定，公民、法人或者其他组织起诉原行政行为的，作出原行政行为的行政机关是被告；起诉复议机关不作为的，复议机关是被告。两个以上行政机关作出同一行政行为的，共同作出行政行为的行政机关是共同被告。行政机关委托的组织所作的行政行为，委托的行政机关是被告。行政机关被撤销或者职权变更的，继续行使其职权的行政机关是被告。"

提起诉讼时，作出行政行为的行政机关是被告。简而言之，谁作出了行政行为，谁就可能成为行政诉讼的被告。

（2）现行司法解释

《最高人民法院关于适用〈中华人民共和国行政诉讼法〉的解释》（以下简称《适用解释》）第十九条至二十七条对适格被告作出规定：①经上级行政机关批准的行政行为：当行政行为是经过上级行政机关批准时，提起诉讼的当事人应当以对外产生法律效力的文书上署名的机关为被告。②行政机关内部机构或单位的行为：如果行政机关内部机构或没有独立承担法律责任能力的单位以自己的名义作出行政行为，并且当事人对此提起诉讼，那么应当以组建或赋予这些机构或单位行政管理职能的行政机关为被告。③开发区管理机构或其职能部门：当事人对开发区管理机构或其职能部门的行政行为提起诉讼时，被告的确定取决于开发区的设立级别和行政行为的性质。④复议机关的行为：当复议机关改变了原行政行为的处理结果，或者确认原行政行为无效、违法时，复议机关将作为被告。但如果复议机关仅因原行政行为违反法定程序而确认其违法，那么原行政机关仍是被告。⑤行政机关的撤销或职权变更：如果行政机关被撤销或职权发生变更，并且没有其他行政机关继续行使其职权，那么当事人提起诉讼时，应当以该行政机关所属的人民政府或垂直领导的上一级行政机关为被告。⑥村民委员会、居民委员会及特定单位：当这些实体依据法律授权行使行政管理职责并被提起诉讼时，它们自身是被告。但如果它们受行政机关委托行事，那么委托的行政机关将成为被告。⑦房屋征收与补偿：在房屋征收与补偿过程中，如果被征收人对市、县级人民政府确定的房屋征收部门作出的行政行为提起诉讼，那么该房屋征收部门是被告。如果争议行为是由征收实施单位在委托范围内实施的，那么被告仍然是房屋征收部门。

（3）最高人民法院裁判观点

观点一：房屋强制拆除过程中强行带离行为的适格被告。

法律问题：在市、县级人民政府组织强制拆除房屋过程中，公安机关对相对人实施强行带离行为的，适格被告如何确定？强行带离行为的法律后果由谁承担？

法官会议意见：在市、县级人民政府组织实施强制拆除房屋过程中，公安机关在现场仅负责治安秩序、未实施强制拆除行为的，不是强制拆除行为的适格被告。根据职权法定原则，公安机关属于依照法律规定独立行使职权并能够承担相应法律责任的行政机关，对强拆过程中实施的其职权范围内的强行带离行为应承担相应责任，是被诉强行带离行为的适格被告。公安机关的强行带离行为不同于强制拆除行为，对其合法性应予以审查。

观点二：当事人认为行政机关未履行其法定监管职责并提起诉讼时，应将直接行使该监管职权的行政机关列为被告。

例如，在曾某玲诉国家金融监督管理总局的案件中，地方银监局作为独立的事业法人，依法具有监管职责并能独立承担法律责任。若当事人错误地将银保监会列为被告并拒绝变更为地方银监局，法院可以裁定不予立案或驳回起诉。

观点三：被告的适格性不仅要求形式上明确具体，还需要满足实质性条件，即被告必须是被诉行政行为的实施者。

例如，在刘某运诉山东省庆云县人民政府的案件中，被告适格性包括形式适格和实质适格两个层面。形式适格是指符合法定起诉条件，而实质适格则要求被诉行政机关实施了被诉行政行为并能对案涉标的进行处分。若通过实体审理发现被告不适格，法院可以判决驳回原告的诉讼请求。同时，并非所有待证事实都由被告承担举证责任，原告需要举证证明被诉行政行为的存在和实施者。

观点四：在行政机关职权发生变更的情况下，继续行使其职权的行政机关应成为被告。

例如，以王某南诉江苏省常州市武进区人民政府土地行政管理案为例，根据相关法律法规的规定，县级以上人民政府具有核发国有土地使用证的法定职责。但随着不动产登记法律制度的变化，原不同登记机关的职责已整合到不动产登记机构。因此，在涉及撤销或变更土地使用权证书的诉讼中，应以不动产统一登记机构为被告。

观点五：当原告提起诉讼并提供初步证据证明被诉行政行为存在且由被告实施时，若被告否认，则被告应依法举证说明自己的主张。

例如，在济南高新技术产业开发区管理委员会等诉济南高新技术产业开发区城市管理行政执法的案件中，若原告已提供初步证据而被告在法定举证期限内未提交相应证据又拒绝作出合理说明的，则法院应依法认定被告适格。

观点六：在强制拆除房屋等案件中，若行政机关已作出征收决定或违法建筑确认决定等前续行政行为，可以推定该行政机关是组织强制拆除的机关。

例如，在某万达制衣有限公司诉某市中山区人民政府的案件中，若原告因客观原因无法举证证明具体组织实施强制拆除的机关，则原则上推定作出征收决定或违法建筑确认决定的行政机关为强制拆除机关，除非该机关有证据证明强制拆除行为由其他相关部门或组织所为。

观点七：政府法制部门通常不具有独立的行政管理职能和对外行使行政管理职权的权力。因此，在当事人对政府法制部门作出的行为不服提起行政诉讼时，应以法制部门所在地人民政府为被告。

例如，以叶某来、胡某根诉浙江省人民政府信息公开案为例，根据相关法律法规的规定，政府法制办公室等办事机构不具有独立承担法律责任的能力，其行为的法律责任应由相应的政府承担。因此，在类似案件中，应以相应的政府为被告提起诉讼。

观点八：在国有土地房屋征收过程中，若房屋所有权人无法确定强制拆除主体且无行政机关主动承担责任时，当事人可以以市、县、乡级人民政府为被告提起诉讼并要求立案。

例如，在上海马桥酒店管理有限公司诉上海市闵行区人民政府的案件中，若合法房屋被无征收决定且未经法定程序拆除的行政机关强制拆除，该行政机关应承担相应的赔偿责任。若无法确定强制拆除主体且无行政机关主动承担责任时，当事人可以以县、市（区）人民政府为被告提起诉讼并要求立案。同时法院也可以查明适格被告后告知当事人依法变更。若涉嫌构成故意毁坏财物罪等犯罪行为时，应依法移送公安、检察机关处理。

观点九：当行政相对人已缴纳国有土地使用权出让金预付款但未取得相关国有土地使用权时，可以直接提起行政诉讼要求相应行政机关返还该预付款。

例如，在谢某诉陕西省商洛市镇安县人民政府的案件中，若国土资源管理部门未经缴款人同意将预付款转作其他用途且未向该行政相对人出让相关土地时，构成公法上的不当得利应予返还。此时缴款人可以依照《行政诉讼法》的规定，直接要求国土资源管理部门履行返还预付款的给付义务，无须将预付款的损失转化为国家赔偿程序主张权利。若国土资源管理部门在国有土地使用权拍卖中存在其他违法行为导致相对人权利受损时，则可以依照国家赔偿程序要求行政机关赔偿。

2）理解与适用

行政诉讼中确定被告的各类疑难问题。

问题一：公路养护管理总段（分段）不具有行政主体资格。

《最高人民法院关于公路路政管理机构行政主体资格及有关法律适用的答复》（1995年1月15日，〔1994〕行复字第4号）："《中华人民共和国公路管理条例实施细则》第九条规定的授权只能理解为是委托授权，公路养护管理总段（分段）不具有主体资格，且省政府也不具备该项行政管理权的授权主体资格。"

问题二：对县级以上林业主管部门授权的单位所作行政处罚决定起诉应以授权单位为被告。

《最高人民法院对广西壮族自治区高级人民法院关于覃正龙等四人不服宾县公安局维都林场派出所林业行政处罚一案管辖问题的请示报告》的批复（1991年10月1日，法（行）函〔1991〕102号）："由县级以上林业主管部门（包括自治区林业厅）授权的单位所作行政处罚决定属于由行政机关委托的组织所作的具体行政行为，根据《中华人民共和国行政诉讼法》第二十五条第四款的规定，本案被告应是广西壮族自治区林业厅，本案应由该厅所在地法院南宁市新城区人民法院管辖。"

问题三：行政机关无法律依据委托其内设机构、派出机构或者其他组织行使行政职权，应当以该行政机关为被告。

问题四：工商行政管理检查所不具有行政主体资格。

《最高人民法院关于工商行政管理检查所是否具有行政主体资格问题的答复》（1995年12月18日，法函〔1995〕174号）"根据《投机倒把行政处罚暂行条例》第二条和《投机倒把行政处罚暂行条例施行细则》第十八条的规定，对投机倒把行为的处罚，应当由县级以上工商行政管理机关制作书面处罚决定书。山东省工商行政管理检查所不具有行政主体资格，更何况系事业编制，故不能以自己的名义作出行政处罚决定。"

问题五：中国人民银行分支机构具有行政诉讼主体资格。

2000年5月31日，《最高人民法院关于诉商业银行行政处罚案件的适格被告问题的答复》，（法办〔2000〕119号）："根据《中华人民共和国中国人民银行法》第十二条和支付结算办法第一百三十九条的规定，商业银行受中国人民银行的委托行使行政处罚权，当事人不服商业银行行政处罚提起行政诉讼的，应当以委托商业银行行使行政处罚权的中国人民银行分支机构为被告。"

问题六：交通警察支队下属大队的行政处罚主体具有行政主体资格。

2009年12月2日，《最高人民法院关于交通警察支队的下属大队能否作为行政处罚主体等问题的答复》（〔2009〕行他字第9号）指出："根据《中华人民共和国道路交通安全法实施条例》第一百零九条第一款：'对道路交通安全违法行为人处以罚款或者暂扣驾驶证处罚的，由违法行为发生地的县级以上人民政府公安机关交通管理部门或者相当于同级的公安机关交通管理部门作出决定。'如果烟台市公安局交通警察支队下设的大队相当于县级公安机关交通管理部门，其可以以自己名义作出处罚决定。"

问题七：经济开发区管理机构具有行政主体资格。

经济开发区管理机构虽然是派出机构，却是适格被告。司法实践中遇到许多经济开发区进行城市房屋拆迁引发的行政诉讼问题。经济开发区管理机构虽然属于派出机构，却是一种比较特殊的派出机构，绝大多数的经济开发区是经过国务院或者省级以上的人民政府批准成立的，它一般有明确的行政管理权限和范围，有独立的预算，有独立的行政编制，能够独立地承担行政法律责任，并且以自己名义作出行政行为，不依托于所属的城市。此外，最高人民法院在1993年作出决定，在经济开发区设立相应的审判机构可以作为一个反证。一般而言，我国审判机构的设置是以行政区划为依据的，最高人民法院在经济开发区设立审判机构，实际上是承认了经济开发区是一个特殊的行政区域，是一个独特的行政主体，可以作为行政诉讼的被告。

问题八：村委会可以作为行政诉讼被告。

"依据《中华人民共和国村民委员会组织法》（以下简称《村民委员会组织法》）以及相关法律规定，我们认为公民、法人或者其他组织认为村委会下列行政管理行为侵犯其合法权益的，可以作为行政诉讼的被告：本村享受误工补贴的人员及补贴标准；从村集体经济所得收益的使用；本村公益事业的兴办和筹资筹劳方案及建设承包方案；土地承包经营方案；村集体经济项目的立项、承包方案；宅基地的使用方案；征地补偿费的使用、分配方案；以借贷、租赁或者其他方式处分村集体财产（以上见《村民委员会组织法》第二十四条）；国家计划生育政策的落实方案；政府拨付和接受社会捐赠的救灾救助、补贴补助等资金、物资的管理使用情况；村民委员会协助人民政府开展工作的情况；涉及本村村民利益，村民普遍关心的其他事项（以上见《村民委员会组织法》第三十条）。"

问题九：对经上级行政机关批准的行政行为提起诉讼的适格被告。

《最高人民法院关于执行〈中华人民共和国行政诉讼法〉若干问题的解释》第十九条："当事人不服经上级行政机关批准的具体行政行为向人民法院提起诉讼的，应当以在对外发生法律效力的文书上署名的机关为被告。"《最高人民法院关于审理行政许可案件若干问题的规定》（2000年3月10日，法释〔2000〕18号）第四条："当事人不服行政许可决定提起诉讼的，以作出行政许可决定的机关为被告；行政许可依法须经上级行政机关批准，当事人对批准或者不批准行为不服一并提起诉讼的，以上级行政机关为共同被告；行政许可依法须经下级行政机关或者管理公共事务的组织初步审查并上报，当事人对不予初步审查或者不予上报不服提起诉讼的，以下级行政机关或者管理公共事务的组织为被告。"

问题十：对统一办理行政许可行为提起诉讼的适格被告。

《最高人民法院关于审理行政许可案件若干问题的规定》（2000年3

月10日，法释〔2000〕8号）第四条："行政机关依据行政许可法第二十六条第二款规定统一办理行政许可的，当事人对行政许可行为不服提起诉讼，以对当事人作出具有实质影响的不利行为的机关为被告。"

问题十一：行政机关与非行政主体联合执法以作出决定的行政机关为被告。

"如果行政机关与企业等非行政主体联合执法，应当以作出决定的行政机关作为被告。但如果侵犯公民、法人或者其他组织合法权益，需要承担赔偿责任的，人民法院可以通知非行政机关作为第三人参加诉讼。"

问题十二：公务协助关系中的行政诉讼被告。

"在公务协助关系中，涉及两个行政行为，一个是请求的行政行为，另一个是被请求方的执行行为。当事人如果对于请求方的行政行为不服，则应当以请求方行政机关作为被告；被请求方的执行行为的性质取决于其是否超越请求方行政机关的公务协助范围。如果被请求方完全按照请求方行政机关的要求作出执行行为，则此执行行为属于实质意义上的事实行为，行政诉讼被告为请求方行政机关；如果被请求方行政机关的执行行为超出请求方行政机关要求协助执行的范围，则在超出范围内以被请求方行政机关作为被告。即请求方行政机关就其请求另一行政机关为公务协助行为的合法性承担法律责任，被请求方行政机关就其公务协助的执行行为负法律责任。所以，严格来讲，所谓的事项委托、执行委托并非真正意义上的行政委托，不完全适用《行政诉讼法》关于行政委托情形下行政诉讼被告的规定。"

3）行政诉讼被告的确定特殊性

《行政诉讼法》第二十六条规定是关于行政诉讼适格被告的规定。这一规定在原则上确定了行政诉讼的适格被告制度，对推进行政诉讼的实施发挥了重大作用。但是，在不同的行政领域，其行政诉讼被告的确定有一定的特殊性。

（1）政府信息公开行政案件的被告确定

《最高人民法院关于审理政府信息公开行政案件若干问题的规定》

第四条的第一、二款规定①的是申请公开政府信息和主动公开政府信息行为起诉时确定被告的一般规则，有如下三方面：首先，从《行政诉讼法》有关规定看，行政诉讼被告在作为状态下是按照"谁行为谁作被告"的原则确定的公民、法人或者其他组织对作为类行政行为不服提起诉讼的，以作出行政行为的机关为被告。如依申请公开政府信息，应当以作出答复的机关为被告。其次，在依申请公开政府信息不作为的情况下，也就是在行政机关逾期未作出答复的情况下，以受理申请的机关为被告。从《行政诉讼法》有关规定看，行政诉讼被告是依照"谁行为谁作被告"的原则确定的，而从该规定"作出"的表述看，其仅适用于行政行为作为状态下的适格被告，而对不作为状态未作明确规定。最后，无论是申请公开政府信息还是主动公开政府信息，无论是作为还是不作为，公民、法人或者其他组织对政府信息公开行为不服提起诉讼的，只能以国务院部门、地方各级人民政府及县级以上地方人民政府部门为被告。这是《中华人民共和国政府信息公开条例》（以下简称《政府信息公开条例》）明确划定的具有公开政府信息义务的行政机关的范围，也是符合行政主体理论和制度的。

《最高人民法院关于审理政府信息公开行政案件若干问题的规定》第四条第三款规定②的是法律法规授权组织的被告资格，未对规章授权组织的被告问题作出规定。

《最高人民法院关于审理政府信息公开行政案件若干问题的规定》第四条第四款规定③的是存在批准、确定、确认等相关行为的情况下的适格被告的确定。本款规定，有下列情形之一的，应当以在对外发生法律效力的文书上署名的机关为被告：第一，政府信息公开与否的答复依

---

① 《最高人民法院关于审理政府信息公开行政案件若干问题的规定》第四条第一、二款："公民、法人或者其他组织对国务院部门、地方各级人民政府及县级以上地方人民政府部门依申请公开政府信息行为不服提起诉讼的，以作出答复的机关为被告；逾期未作出答复的，以受理申请的机关为被告。公民、法人或者其他组织对主动公开政府信息行为不服提起诉讼的，以公开该政府信息的机关为被告。"
② 《最高人民法院关于审理政府信息公开行政案件若干问题的规定》第四条第三款："公民、法人或者其他组织对法律、法规授权的具有管理公共事务职能的组织公开政府信息的行为不服提起诉讼的，以该组织为被告。"
③ 《最高人民法院关于审理政府信息公开行政案件若干问题的规定》第四条第四款："有下列情形之一的，应当以在对外发生法律效力的文书上署名的机关为被告：（一）政府信息公开与否的答复依法报经有权机关批准的；（二）政府信息是否可以公开系由国家保密行政管理部门或者省、自治区、直辖市保密行政管理部门确定的；（三）行政机关在公开政府信息前与有关行政机关进行沟通、确认的。"

法报经有权机关批准的；第二，政府信息是否可以公开系由国家保密行政管理部门或者省、自治区、直辖市保密行政管理部门确定的；第三，行政机关在公开政府信息前与有关行政机关进行沟通、确认的。如《重要地理信息数据审核公布管理规定》（国土资源部令第19号）第三条规定："国务院测绘行政主管部门负责重要地理信息数据的审核、公布管理工作。"第十一条规定："国务院批准公布的重要地理信息数据，由国务院或者国务院授权的部门公布……"《中华人民共和国保守国家秘密法》第二十条规定："机关、单位对是否属于国家秘密或者属于何种密级不明确或者有争议的，由国家保密行政管理部门或省、自治区、直辖市保密行政管理部门确定。"上述法律规定均涉及政府信息公开行为依法需要其他行政主体参与（批准、确定、确认等）。

（2）行政许可行政案件的被告确定

《最高人民法院关于审理行政许可案件若干问题的规定》（以下简称《行政许可若干规定》）第四条①和第五条②规定，多阶段行政行为的行政诉讼被告规则呈现多元化：一是行政许可依法须经上级行政机关批准，当事人对批准或者不批准行为不服一并提起诉讼的，以上级行政机关为共同被告；二是行政机关依据《中华人民共和国行政许可法》第二十六条第二款规定③统一办理行政许可的，当事人对行政许可行为不服提起诉讼，以对当事人作出具有实质影响的不利行为的机关为被告；三是行政许可依法须经下级行政机关或者管理公共事务的组织初步审查并上报，当事人对不予初步审查或者不予上报不服提起诉讼的，以下级行政机关或者管理公共事务的组织为被告。前两者是多阶段行政许可作为状态下的行政诉讼被告规则，其将"以在对外发生法律效力的文书上署名的机关为被告"规则改为：对批准行为也不服的，上级批准行政机关

---

① 《最高人民法院关于审理行政许可案件若干问题的规定》第四条："当事人不服行政许可决定提起诉讼的，以作出行政许可决定的机关为被告；行政许可依法须经上级行政机关批准，当事人对批准或者不批准行为不服一并提起诉讼的，以上级行政机关为共同被告；行政许可依法须经下级行政机关或者管理公共事务的组织初步审查并上报，当事人对不予初步审查或者不予上报不服提起诉讼的，以下级行政机关或者管理公共事务的组织为被告。"

② 《最高人民法院关于审理行政许可案件若干问题的规定》第五条："行政机关依据行政许可法第二十六条第二款规定统一办理行政许可的，当事人对行政许可行为不服提起诉讼，以对当事人作出具有实质影响的不利行为的机关为被告。"

③ 《中华人民共和国行政许可法》第二十六条第二款："行政许可依法由地方人民政府两个以上部门分别实施的，本级人民政府可以确定一个部门受理行政许可申请并转告有关部门分别提出意见后统一办理，或者组织有关部门联合办理、集中办理。"

也可为共同被告，以及统一办理行政许可的，作出具有实质影响的不利行为的机关为被告，而第三种情况还对多阶段行政许可不作为状态下的行政诉讼被告规则予以明确。

（3）涉及农村集体土地行政案件的被告确定问题

问题一，土地储备机构所属的土地管理部门的被告资格。《最高人民法院关于审理涉及农村集体土地行政案件若干问题的规定》第五条规定："土地权利人认为土地储备机构作出的行为侵犯其依法享有的农村集体土地所有权或使用权的，向人民法院提起诉讼的，应当以土地储备机构所隶属的土地管理部门为被告。"依据原国土资源部、财政部、中国人民银行《土地储备管理办法》规定，土地储备机构应为市、县人民政府批准成立，具有独立的法人资格，隶属于国土资源管理部门，统一承担本行政辖区内土地储备工作的事业单位。土地储备机构设立的依据是作为规章的《土地储备管理办法》，该规章明确其应当隶属于国土资源管理部门，因此其实施的土地储备行为属于受委托的行为，公民、法人或者其他组织提起行政诉讼的，应当以其所隶属的土地管理部门为被告。

问题二，复议前置的行政复议不作为的被告确定。《最高人民法院关于审理农村集体土地行政案件若干问题的规定》第六条第二款规定："法律、法规规定应当先申请行政复议的土地行政案件，复议机关作出不受理复议申请的决定或者以不符合受理条件为由驳回复议申请，复议申请人不服的，应当以复议机关为被告向人民法院提起诉讼。"对于行政复议机关的不予受理决定或驳回行政复议申请，属于行政行为，由于其拒绝了当事人的请求，属于广义上的行政不作为，具有可诉性，应以行政复议机关为被告。

1.3 实战经验

1.3.1 被告主体资格不适格的实际考量

尽管"立案登记制度"为行政诉讼营造了一个相对宽松的立案环

境，但在实际操作层面，对于被告资格的严格界定使得行政诉讼的参与门槛并未实质性地降低。这种对被告主体资格的细致考量，为行政机关行政答辩策略提供了回旋余地。

1）形式上是否适格

在形式上，若对被告的确定不具体、不明确，或者未能严格遵循《行政诉讼法》第二十六条及《适用解释》第十九条至第二十五条所规定的适格被告条件，均可视为被告不适格。以最高人民法院的判决为例，当案件涉及行政机关未履行其法定监管职责时，依法应当对直接行使监管职权的行政机关追究责任。以〔2016〕最高法行申 1747 号案为例，法院在判决中明确提到，根据《中华人民共和国银行业监督管理法》第八条和《商业银行理财产品销售管理办法》第四条的相关规定，银保监会的派出机构具有对理财产品销售活动实施监督管理的法定职责。地方银监局作为独立的法人实体，在法律授权下依法享有监管的法定职责，并能够独立承担相应的法律责任。

若当事人在起诉过程中错误地将银保监会列为被告，并在经过法院释明后仍然拒绝将被告变更为地方银监局，则人民法院有权裁定不予立案或驳回起诉。这一判决正是基于《司法解释》第二十条第二款的法律规定而作出的。通过这一案例，我们可以清晰地看到，被告的适格性在行政诉讼中具有至关重要的意义，任何不符合法律规定的被告指定都可能导致案件无法顺利推进。

2）实质性是否适格

实质性不适格是指当起诉人或原告未能提供充分证据来证明被诉的行政行为确实是由被诉的行政机关所作出的情况。以（2016）最高法行申 2907 号案为例，最高人民法院在审理此案时，再审申请人以庆云县政府为被告提起诉讼，要求确认庆云县政府的行政强制行为违法并寻求行政赔偿。由于原告在起诉时"有明确的被告"，并且提供了一些初步的事实证据，原审法院据此认定再审申请人提起的诉讼符合法定条件并予以受理。

然而，在开庭审理之后，原审法院经过仔细审查认为，再审申请人所提供的证据和证人证言并不足以证明庆云县政府在实质上适格，也即这些证据不足以确认被诉的行政强制行为确实是由庆云县政府所实施。这表明，在行政诉讼中，仅凭初步的事实证据并不足以确立被告的实质性适格，必须通过更为严格的证据审查和言词审理来确保事实真相的查明。

3）经复议案件的被告资格识别

在识别复议机关的不作为被告资格时，我们需参考《行政诉讼法》第二十六条第三款的规定。如果在法定期限内复议机关未作出决定，而原告选择起诉原行政行为，那么作出原行政行为的行政机关将成为被告；若原告选择起诉复议机关的不作为，那么复议机关就是被告。由于行政不作为案件的被告资格识别本身就具有一定的复杂性，实践中还可能遇到原告认为复议机关未充分履行其复议职责的情况。当原告不起诉原行政行为，而单独起诉复议机关的维持决定，认为这构成了实质上的不作为时，是否只将复议机关列为被告呢？为了确保对行政行为合法性的全面审查，稳妥的做法是，法院应向原告充分释明后，建议其追加原行政机关为共同被告。如果原告不同意，法院应依职权追加作出原行政行为的行政机关为共同被告。

4）行政机关的内设机构等的被告资格

根据《中华人民共和国地方各级人民代表大会和地方各级人民政府组织法》第七十九条的规定①，地方各级人民政府应基于工作需要和效率原则，设立必要的工作部门。在多数情况下，这些内设机构并不具备独立的法律地位，因此它们不能以自身的名义对外行使权力。然而，一旦得到法律法规或规章的特别授权，这些机构就可以独立行使职权。

（1）派出机关。如地区行署、区公所和街道办事处，它们根据人民政府组织法的相关规定，拥有行政主体的资格。但对于派出机关的派出机构被告主体资格，情况则较为复杂。中央国家机关直接管理的派出机关，如保险、证券、银行业监管机构，审计署以及海关等在某些地区设

---

① 《中华人民共和国地方各级人民代表大会和地方各级人民政府组织法》第七十九条："地方各级人民政府根据工作需要和优化协同高效以及精干的原则，设立必要的工作部门。县级以上的地方各级人民政府设立审计机关。地方各级审计机关依照法律规定独立行使审计监督权，对本级人民政府和上一级审计机关负责。省、自治区、直辖市的人民政府的厅、局、委员会等工作部门和自治州、县、自治县、市、市辖区的人民政府的局、科等工作部门的设立、增加、减少或者合并，按照规定程序报请批准，并报本级人民代表大会常务委员会备案。"

立的监管机构，通常具备行政主体的资格。

（2）市（辖区）级的行政机关派出机构。如市公安分局等，它们根据法律授权，拥有行政执法主体的资格，并可以作为行政诉讼的被告。但这一资格并非绝对，仍需根据具体的法律法规和规章授权来判断。

（3）区（县）级的行政机关派出机构。如公安派出所等，虽然它们根据法律法规或规章的授权，拥有具体且有限的行政管理职权，但只有在特定的管理领域内，它们才能成为行政诉讼的被告。这意味着，判断其被告资格时，必须详细考察其法律授权的具体内容和范围。

5）开发区管委会是否具有被告主体资格

国家级经济技术开发区、高新技术产业开发区以及经省政府批准的开发区，在得到国务院或省政府的批准后，会获得地方性法规或规章的授权。由于这些开发区在管委会的职权范围内以自己的名义作出行政行为，并且具备独立承担法律责任的能力，因此它们应被认定为具备行政主体的资格。但在实际操作中，有些区、县政府成立的"开发区管委会"并未获得明确的行政主体资格授权，因此一般认为它们不具备行政主体资格。这样的认定有助于明确各个机构的权责，确保行政行为的合法性和有效性。

关于省级以上"开发区管委会"的办事机构是否具备行政主体资格的问题，我们需要从以下几个方面进行考量：

（1）在通常情况下，开发区管委会的办事机构并不具备行政主体资格，除非得到了法律法规或规章的明确授权。这是因为办事机构往往作为执行机构，其职责是协助开发区管委会进行日常管理，而非独立行使行政权力。

（2）对于经过国务院批准，可以实施相对集中行政处罚、行政强制、行政许可的地区，具体实施这些职权的行政机关将作为行政执法的主体，有权在开发区内直接进行执法活动，并因此具备行政主体资格。然而，如果是接受这些行政机关委托的"开发区管委会"的办事机构，则并不具备行政主体资格。

（3）如果因为机构精简，开发区所在市的地方人民政府撤销了工商、质监、食药监等具体职能部门，并经批准设立了冠以"开发区"名头的综合执法局,这个综合执法局作为市级人民政府的派出机构,将具备行政执法主体资格。

(4)如果开发区所在市的人民政府并未撤销卫生、市场监督、食药监等职能部门,而开发区管委会也成立了类似职能的机构,那么这些开发区管委会的职能机构通常不会具备相关的执法资格。

综上所述,判断省级以上"开发区管委会"的办事机构是否具备行政主体资格,需要综合考虑其是否得到了明确的授权、是否作为具体实施行政执法的主体,以及是否经过了相应的批准程序等因素。

6)基层群众自治组织是否具有被告主体资格

在实际操作中,当涉及农村宅基地申请、宅基地上自建房屋的建设规划许可等问题时,各地方往往会制定相应的地方性法规或规章,规定这些申请必须向村委会提出。如果简单地认定村委会不具有被告主体资格,那么在审查这些行为时可能会阻碍对权利的有效救济。

在农村集体土地征收活动中,如果村民与村委会签订了征地补偿协议并发生了争议,关于村委会能否成为被告的问题需要具体分析。如果涉案地块确实属于被征收土地范围,并已办理了相应的批准文件,那么村委会与村民之间的征地补偿协议通常被视为村委会接受有关行政机关的行政委托行为。在这种情况下,实际作出征收决定的行政机关应为被告,而村委会则不享有此类案件的行政诉讼被告资格。然而,如果整个过程中没有任何行政机关的批准手续,那么村民与村委会之间签订的所谓征地补偿协议应被视为民事行为。对于此类争议,应通过民事途径来解决,而非行政诉讼。

7)补偿安置义务主体的确定

当地方性法规、规章没有明确指定市、县人民政府作为补偿安置的义务主体,并且市、县人民政府也没有依法成立一个具有独立法律责任能力的征收管理机构来负责补偿安置的行政管理工作时,人民法院通常会根据《征收土地公告办法》第十一条的规定①,将市、县人民政府的土地行政主管部门认定为补偿安置的义务主体。这是因为该条款规定,

---

① 《征收土地公告办法》第十一条:"征地补偿、安置方案经批准后,由有关市、县人民政府土地行政主管部门组织实施。"

征地补偿和安置方案在获得批准后，应由相关的市、县人民政府土地行政主管部门来负责实施。

如果规范性文件或《征地补偿安置方案公告》中规定由其他主体代表市、县人民政府土地行政主管部门来签订补偿安置协议或作出补偿决定，这可以被视为市、县人民政府土地行政主管部门的一种委托行为，除非法律法规、规章等有其他特别的规定。在这种情况下，尽管实际操作可能由其他主体进行，但法律责任仍然归属于市、县人民政府土地行政主管部门。

8）强制拆除行为适格被告的确定

当被征收人位于《征地补偿安置方案公告》范围内的合法房屋等被强制拆除并引发诉讼时，人民法院将依据《中华人民共和国行政诉讼法》第二十六条第一款的规定，即"作出行政行为的行政机关是被告"，并结合职权法定原则，根据案件的具体情况来确定合适的被告。具体来说：

（1）如果被征收人提供的证据能够证明是市、县人民政府或其成立的临时机构等组织实施了强制拆除，那么市、县人民政府将作为被告。

（2）如果证据显示是市、县人民政府土地行政主管部门或征收管理机构组织实施了强制拆除，那么这些部门或机构将成为被告。

（3）在没有行政主体自认实施强制拆除的情况下，如果被征收人提供的证据能够初步证明该强制拆除行为是由行政主体基于征收职权组织的，那么将推定市、县人民政府土地行政主管部门或征收管理机构为被告。但如果有相反的证据足以推翻这一推定，则另行考虑。

（4）如果有证据证明乡（镇）人民政府、街道办事处、村民委员会、居民委员会、建设单位等主体实施的强制拆除行为是受到行政机关的委托而实施的，那么委托的行政机关将作为被告。而具体实施的乡（镇）人民政府、街道办事处、村民委员会、居民委员会、建设单位等主体，可以作为共同被告或第三人，依法承担相应的责任。

（5）如果在合法房屋被强制拆除时既没有补偿安置协议也没有补偿决定，同时也没有主体自认实施，而人民法院根据原告提供的证据无法确定或推定适格被告，并且强制拆除行为涉嫌构成犯罪的，那么该案件将依法移送有关部门处理。此外，如果在没有征地批复、征地公告、征地补偿安置方案公告等必要文件的情况下，乡（镇）人民政府、街道办事处等主体未经市、县人民政府，土地行政主管部门或者征收管理机构的委托、部署等，擅自以自己的名义实施强制拆除的，那么具体实施的单位将成为被告。

（6）当事人多列、错列被告的处理。若原告所起诉的被告不符合法定资格，人民法院应依据《适用解释》第二十六条的规定①，通知原告变更被告。若原告坚持不同意变更被告，人民法院应依法裁定驳回其起诉。当案件中存在应当追加的被告，但原告不同意追加时，人民法院应通知应该追加的被告以第三人的身份参与诉讼，但此规定不适用于行政复议机关作为共同被告的情形。

1.3.2　被告不适格答辩思路

在行政诉讼中，被告不适格是一种常见的答辩情形。当原告起诉的被告不符合法定资格或者不是行政行为的相对人时，被告可以通过提出不适格答辩来维护自己的合法权益。下面将结合实践经验，探讨被告不适格答辩的具体操作与策略。

1）被告不适格答辩的提出时机

被告不适格答辩应在行政诉讼程序中的适当时机提出。一般来说，被告在收到起诉状后，应及时审查原告起诉的被告是否适格。如果认为原告起诉的被告不适格，被告可以在答辩期内向法院提出不适格答辩，请求法院裁定驳回原告的起诉。

2）被告不适格答辩的理由与证据

被告在提出不适格答辩时，应明确阐述不适格的理由，并提供相应的证据支持。理由可以包括原告起诉的被告不符合法定资格、被告与行政行为没有法律上的利害关系等。证据可以包括相关法律规定、行政决定、案件材料等。通过提供充分的理由和证据，被告可以增加不适格答

---

① 《最高人民法院关于适用〈中华人民共和国行政诉讼法〉的解释》第二十六条："原告所起诉的被告不适格，人民法院应当告知原告变更被告；原告不同意变更的，裁定驳回起诉。应当追加被告而原告不同意追加的，人民法院应当通知其以第三人的身份参加诉讼，但行政复议机关作共同被告的除外。"

辩的说服力。

3）被告不适格答辩的审查与裁定

一般情况下，法院在收到被告的不适格答辩后，会进行审查并作出裁定。审查的内容主要包括被告提出的答辩理由是否成立、提供的证据是否充分等。如果法院认为被告的不适格答辩成立，将会裁定驳回原告的起诉；如果认为被告不适格答辩不成立，则会继续审理案件。被告应尊重法院的裁定结果，并按照裁定要求参与诉讼。

4）被告不适格答辩的注意事项

在提出不适格答辩时，被告需要注意以下几点：首先，被告应确保提出的答辩理由和证据充分、合理，避免无理缠诉；其次，被告应遵循程序要求，确保在法定期限内提出答辩；最后，被告在答辩过程中应保持客观、公正的态度，尊重法院的裁判权。

5）被告不适格答辩的实践策略

为了提高不适格答辩的成功率，被告可以采取以下策略：首先，被告可以积极与原告沟通，尝试在庭前达成和解或调解，避免不必要的诉讼纠纷；其次，被告可以寻求法律援助或聘请专业律师代理，提高答辩的专业性和说服力；最后，被告可以关注相关法律规定和司法解释的更新变化，及时调整答辩策略和思路。

6）机构改革后职权重新划分的答辩策略

在政府机构改革后，职权的重新划分是常见的现象。这种改革可能会导致行政诉讼中被告的职权发生变化，进而影响到案件的受理和审理。因此，在行政诉讼中，被告需要针对机构改革后职权重新划分的情况，提出相应的答辩策略。

（1）明确职权范围。被告在答辩中应首先明确机构改革后其新的职权范围，这包括阐述新职权的法律依据、具体内容和界限等。通过明确新的职权范围，被告可以向法院展示其已不再是原告所诉事项的适格被告，或者原告所诉事项已不属于其新的职权范围。

（2）阐述职权变更的合理性。被告在答辩中还应阐述职权变更的合理性，这包括解释机构改革的必要性和目的，以及职权变更对行政机关和公民、法人及其他组织的影响等。通过阐述职权变更的合理性，被告可以向法院证明其职权变更是符合法律规定和社会发展需要的，从而增强答辩的说服力。

（3）提供证据支持。为了支持其答辩主张，被告应提供充分的证据，这些证据可以包括机构改革的相关文件、法律法规、政策解读等。通过提供证据支持，被告可以更加有力地证明其职权变更的合法性和合理性。

（4）请求法院裁定。在答辩的最后部分，被告应明确提出请求法院裁定驳回原告的起诉或将其移送至具有管辖权的行政机关处理。被告可以强调，由于机构改革后职权重新划分，原告所诉事项已不属于其管辖范围，因此法院应当依法驳回原告的起诉或将其移送至适当的行政机关处理。

综上所述，被告不适格答辩是行政诉讼中常见的答辩情形，被告在机构改革后职权重新划分的情况下，应明确新职权范围、阐述职权变更的合理性、提供证据支持，并请求法院依法裁定。这样的答辩策略有助于维护行政诉讼的秩序和公正性，确保案件能够得到妥善处理。

1.3.3 实战案例

案例一：机构改革后被撤销后被告资格承继

2018年12月24日，某市公安局某分局刑侦大队出具《情况说明》，主要内容是："2018年11月14日1时许，某市某区滨海西路×号某水产研究所废墟南侧两台液化气罐车因非法运输及出售液化气起火并发生爆炸，我局立为过失爆炸案开展侦查工作。经侦查，该'黑加气站'所储存及出售的液化气均从某液化气站购入。"2018年12月25日，某市燃气管理处对某液化气站法定代表人王某、站长李某制作调查讯问笔录，其中王某称其不参与管理，由站长李某刚负责管理事项。李某刚确认某液化气站自11月3日至11月14日，共向车号为辽P×××××槽车供气6次，每次3吨左右。其检查了辽P×××××槽车的罐体检测报告、行车执照、营运证、押运员和驾驶员证件，因购气人张某原为某液化气站员工，其仅口头询问购气用途，张某称用于泡沫板厂做工业原料，其对流向没有跟踪到底。2018年12月28日，某市燃气管理处制作大燃罚先告字〔2018〕××号《燃气行政处罚先行告知书》和大燃罚听告字〔2018〕××号《燃气行政处罚听证告知书》并于同日向原告送达。其中《听证告知书》载明如要求听证，应当自收到告知书之日起3日内提出书面申请，逾期视为放弃听证权利。2019年1月3日，某市燃气管理处制作大燃罚决字〔2019〕××号《行政处罚决定书》并于同日向原告送达。《行政处罚决定书》中认定：2018年11月14日，某市西岗区滨海西路××号某水产研究所废墟南侧两台液化石油气罐车因非法运输及出售液化石油气起火并发生爆炸一案，原告向爆炸的黑加气点提供气源，此行为属于向未取得燃气经营许可证的单位或个人提供用于经营的燃气，违反了《城镇燃气管理条例》第十八条第四项的规定。依据该条例第四十六条第四项的规定，作出吊销某液化气站的燃气经营许可证的行政处罚。某液化气站对处罚决定不服，依法提起诉讼。

根据中共某市委办公室、某市人民政府办公室于2019年2月3日印发并实施的《某市住房和城乡建设局职能配置、内设机构和人员编制规定》（大委办〔2019〕××号）的规定，被告主要职责中包括"负责全市城镇燃气行业的监督管理"。另根据《国务院关于国务院机构改革涉及行政法规规定的行政机关职责调整问题的决定》（国发〔2018〕17号）规定："现行行政法规规定的行政机关职责和工作，《国务院机构改革方案》确定由组建后的行政机关或者划入职责的行政机关承担的，在有关行政法规规定尚未修改或者废止之前，调整适用有关行政法规规定，由组建后的行政机关或者划入职责的行政机关承担；在相关职责尚未调整到位之前，由原承担该职责和工作的行政机关继续承担。地方各级行政机关承担行政法规规定的职责和工作需要进行调整的，按照上述原则执行。"某市燃气管理处非本案适格主体。

案例二：多部门强制拆除行为被告主体资格确认

例如：某水产公司诉区自然资源分局、生态环境分局、区海洋发展局（原农业农村局）、区行政执法局、某街道办事处强制拆除违法并赔偿案。2008年12月26日，群众举报某水产公司未经批准非法占地。2009年1月4日，原某市国土资源和房屋局国土资源分局（现区自然资源分局）依法予以立案查处。"某水产公司在未取得土地审批手续的前提下，擅自于2004年9月28日开始在某街道某村占用集体土地，建设一个海产品育苗厂，占地面积42 167.07平方米，用地类型为未利用地，不符合土地利用总体规划。上述行为已经违反了《中华人民共和国土地管理法》第五十九条规定，构成了未经批准非法占用土地行为。"2009年2月16日，原某市国土资源和房屋局国土资源分局依法对某水产公司下达《国土资源行政处罚决定书》（国土资监罚字〔2009〕第002号），决定没收在非法占用土地上新建的建筑物和其他设施。某水产公司未在法定期限内申请行政复议，也未在法定期限内提起行政诉讼。2009年6月1日，原某市国土资源和房屋局国土资源分局向某市某区人民法院申请非诉强制执行。2009年6月10日，某市某区人民法院（2009）某行执字第08号《行政裁定书》，准予强制执行。2010年，区行政执法局将违法建筑实施拆除。区海洋发展局（原农业农村局）作为被告，代理律师根据《中华人民共和国行政诉讼法》第二十六条："公民、法人或者其他组织直接向人民法院提起诉讼的，作出行政行为的行政机关是被告。"的规定进行答辩，区海洋发展局（原农业农村局）没有作出拆除行为。因此，不属于本案适格被告。

案例三：经复议案件被告主体资格的确认

例如：刘某诉某市公安局某分局、某市人民政府、第三人石某治安行政处罚案。2016年7月3日17时许，刘某为阻止小区居民在自家窗前停车，分别于17时04分、07分、28分在停车位处摔啤酒瓶。17时29分50秒左右，其与打扫啤酒瓶渣的邻居石某、李某发生争执打斗后报警。2016年8月3日，某公安分局向原告告知陈述和申辩权，原告书写并提交了陈述材料，公安分局当日向原告送达陈述和申辩复核书，认为原告提出的理由不成立，决定不采纳。原告在该复核书上申辩，公安机关只复核了20分钟，认为公安机关对其意见考虑时间过短。当日，中山分局分别作出大公（中）行罚决字〔2016〕第11××号、11××号《行政处罚决定书》和大公（中）不罚决字〔2016〕第11××号《不予行政处罚决定书》，分别给予李某罚款500元，刘某行政拘留十日、罚款500元的行政处罚，对石某不予行政处罚，并分别向对方送达。刘某对大公（中）行罚决字〔2016〕第1××号《行政处罚决定书》提出复议，对

11××号《行政处罚决定书》和11××号《不予行政处罚决定书》分别提起诉讼。市政府受理原告复议申请后，分别通知中山分局及第三人参加复议，并于2016年12月23日制作大政行复字〔2016〕××号《行政复议决定书》，对中山分局11××号《行政处罚决定书》予以维持，并分别向各方当事人送达。对于维持原具体行政行为复议决定，行政机关是适格的被告，对原行政行为答辩可以就原行政行为认定事实清楚，证据充分，适用法律正确，程序合法，量罚适当进行答辩。

案例四：下级是否有权对上级机关查处主体资格

例如：原告某交通机械有限公司诉被告某市自然资源局、某市人民政府履行法定职责一案。原告交通机械有限公司诉称：请求撤销大政行复字〔2021〕×号行政复议决定；判令被告市自然资源局依法履行法定职责，依法对其土地违法行为进行处理。1993年，被告某市人民政府制发（大政地字〔1993〕××号）《某市人民政府文件征用土地批复》，征用某城镇某村土地5.0832公顷。2006年9月18日，某封头制造有限公司向某市某区国土资源局提交《关于出让土地呈请》。2006年12月8日，市人民政府向封头制造有限公司制发《关于××××、封头制造有限公司长城街道工业项目国有土地使用权的批复》（大政地某字〔2006〕××××号），同意将位于区某街道某村14 108.56平方米国有土地收回，作为该单位工业项目建设用地。同日，市人民政府向封头制造有限公司制发《关于××××封头制造有限公司长城街道工业项目国有土地使用权的批复》（大政地某字〔2006〕××××号），同意将此地4126.27平方米国有土地收回，作为该单位工业项目建设用地。原告认为市人民政府作出的××××号批复违法，向省人民政府提出复议申请，2012年3月8日，省政府作出（2012）××号《行政复议终止决定书》，载明因申请人自愿撤回行政复议申请，行政复议终止。2020年，原告不服××××号土地批复向省人民政府申请行政复议。复议机关以原告使用的土地不在该批复批准用地范围内，原告与案涉批复没有法律上的利害关系，不符合行政复议的受理条件为由驳回原告的行政复议申请。原告不服行政复议决定向某市中级人民法院提起诉讼，法院认为复议决定具有事实和法律依据，驳回原告的诉讼请求。同时，原告不服××××号土地批复向省人民政府申请行政复议，复议机关以原告系重复提出行政复议，不符合行政复议的受理条件为由驳回原告的行政复议申请。原告不服行政复议决定向某市中级人民法院提起诉讼。被告市自然资源局于2020年12月23日收到原告交通机械有限公司邮寄的举报材料，内容为要求被告市自然资源局履行查处市某区人民政府伪造市人民政府土地批复、违反法定程序非法占用土地的违法行为的职责，市自然资源局未对原告举报作出处理。原告交通机械有限公司以市自然资源局未对其举报作出处理，属于不履行法定职责为由向被告市人民政府申请行政复议，请求责令被告市自然资源局履行受理原告对非法占地等土地违法行为举报和查处土地违法行为的法定职责。被告市人民政府于2021年3月9日受理原告的复议申请，2021年3月16日向市自然资源局送达大政行复字〔2021〕××号《行政复议答复通知书》。市自然资源局于2021年3月22日提交行政复议答复书。市人民政府经调查及内部审批后，于2021年5月8日作出大政行复字〔2021〕××号《行政复议决定书》并送达原告及市自然资源局。原告不服，遂向中级人民法院提起行政诉讼。律师代理某市自然资源局针对原告诉讼请求进行答辩，某市自然资源局虽有权对行政相对人违反土地管理法律法规行为进行监督检查的职权，但是本案中，原告投诉事项为某区人民政府所作的行政行为，而该区人民政府不是行政相对人，某市自然资源局并无对行政机关的行政行为进行查处的法定职责。答辩观点得到法院支持。

综上所述，行政诉讼中被告主体资格不适格答辩需要被告充分了解行政诉讼的被告资格要求、分析不适格的情形、准备充分的答辩材料和证据、撰写明确的答辩状、注意答辩时机和程序要求、保持与原告的沟通和协商以及关注法院的裁定结果并准备后续诉讼策略。通过这些经验和做法，被告可以更加有效地维护自己的合法权益并应对行政诉讼的挑战。

2 行政诉讼管辖权异议答辩

行政诉讼的受案范围，解决了哪些行政争议可以提交人民法院进行审判的问题，而行政诉讼管辖则是解决第一审行政案件具体应当由何地、何级法院受理的问题。行政诉讼的管辖权由法律规定，包括地域管辖、级别管辖、专属管辖等。当事人提出管辖权异议，实际上是在质疑受理案件的法院是否依法具有管辖权。因此，行政主体需要依据法律规定来证明受理案件的法院具有管辖权或没有管辖权。

2.1 行政诉讼管辖权的界定和理论基础

在理论上，行政诉讼管辖权主要依据法律法规的规定来确定，通常涉及地域管辖、级别管辖和特殊管辖等方面。在答辩理论上，被告面对管辖权异议时，主要围绕以下几个方面进行答辩：首先，证明受理案件的法院具有合法的管辖权，这通常涉及对法律法规的解读和适用；其次，说明原告提出的管辖权异议不成立，这可能涉及对案件性质、当事人身份、行政行为发生地等因素的分析；最后，如果受理案件的法院确实不具有管辖权，被告可以提出管辖权转移的建议，即将案件移送给有管辖权的法院审理。

2.1.1　行政诉讼管辖的界定

行政诉讼管辖是指人民法院之间受理第一审行政案件的分工和权限。行政诉讼管辖包括"纵""横"两方面内容。上下级人民法院之间受理第一审行政案件的权限分工，称为"级别管辖"；同一级人民法院之间受理第一审行政案件的权限分工，称为"地域管辖"。具体分析，行政诉讼管辖制度内在地包括：其一，在行政诉讼程序方面，明确管辖法院是诉讼程序的开端。行政诉讼管辖的规定能够产生以下两个方面的效果：对于行政相对人来说，它明确地指出了面对行政纠纷应到哪个级别法院中的哪个地方的法院去参加庭审的矛盾；对于法院来说，它明确了不同级别以及不同地区法院之间具体应由哪个法院来对该案进行管辖的问题。其二，行政诉讼管辖是在处理第一审行政案件时而进行的划分，一般不涉及第二审或者审判监督程序案件。

2.1.2　行政诉讼管辖的理论基础

行政诉讼管辖权的理论基础主要包括以下几个方面：

1）法治原则

法治是现代国家的基本治国方式，要求国家权力必须在法律规定的范围内行使。在行政诉讼中，管辖权是法院行使审判权的基础，其设定和行使都必须遵循法律规定，确保审判活动的合法性和公正性。

2）司法独立审判原则

司法独立审判是司法公正的重要保障，要求司法机关在行使审判权时不受其他机关、团体和个人的干涉。在行政诉讼中，管辖权是法院独立行使审判权的前提，只有明确了管辖范围，法院才能独立地对行政案件进行审理和裁判。

3）便民原则

行政诉讼管辖权的设置应当考虑便于当事人参加诉讼，降低诉讼成本，提高诉讼效率。例如，地域管辖中的"原告就被告"原则，就是为了便于原告起诉和参加诉讼。

4）均衡原则

行政诉讼管辖权的分配应当考虑各级法院之间的工作负担均衡，避免某些法院负担过重，而其他法院却无案可审的情况。这有助于实现司法资源的合理配置和高效利用。

5）有效性原则

行政诉讼管辖权的行使应当具有有效性，即法院能够对被管辖的行政案件实施有效的审判和执行。这要求管辖权的设置必须符合行政案件的特点和审判实践的需要，确保法院能够有效地解决行政争议。

2.2 行政诉讼管辖权异议案件答辩实务解析与研究

被告的答辩应当针对原告提出的管辖权异议进行具体分析和反驳，不能偏离主题或者回避问题。被告在答辩中应当准确适用法律法规，确保自己的答辩符合法律的要求和规定。同时，被告也可以引用相关案例来支持自己的观点和主张。

2.2.1 实务解析

在行政诉讼中，管辖权异议是当事人对受理案件的法院是否具有管辖权提出的质疑。对于被告而言，合理、有效地应对原告的管辖权异议，是维护自身合法权益、确保诉讼顺利进行的关键环节。

1）实务中的难点与对策

（1）异地管辖与跨地域案件。对于涉及异地管辖或跨地域的案件，被告应重点收集与整理相关证据材料，以证明行政行为的实际发生地或涉及地域与受理法院之间的关联。

（2）特殊管辖规定与专属管辖。对于涉及特殊管辖规定或专属管辖的案件，被告应深入研究相关法律法规及司法解释，确保答辩意见有法可依、有据可查。

（3）多方当事人的复杂法律关系。对于涉及多方当事人或复杂法律关系的案件，被告应理清案件脉络，明确各方当事人的权利义务关系。

在答辩中，应突出重点、有针对性地进行反驳和论述。

2）答辩策略与技巧

（1）紧扣异议理由进行反驳

被告应针对原告提出的每一项异议理由进行详细反驳，指出其法律依据的不足或事实认定的错误，强调受理法院的管辖权依据。

（2）灵活运用法律依据

被告在答辩中应灵活运用相关法律依据，如《行政诉讼法》《适用解释》等，来支持自己的观点和主张。同时，也可以引用相关案例来增强答辩的说服力。

（3）注重程序与实体的双重审查

在行政诉讼中，管辖权异议不仅涉及程序问题，更与案件的实体处理紧密相联。因此，被告在答辩时，应同时关注程序与实体的双重审查。既要审查原告提出的管辖权异议是否符合法定程序，也要审查异议是否影响案件的实体处理。只有这样，才能确保答辩的全面性和有效性。

（4）强化证据意识，提高答辩的说服力

证据是行政诉讼的基石，也是答辩的关键。被告在答辩时，应强化证据意识，充分收集、整理、运用相关证据材料。这些证据材料不仅可以证明受理案件的法院具有管辖权，还可以支持被告的答辩意见和主张。通过证据的展示和质证，被告可以提高答辩的说服力，维护自身的合法权益。

2.2.2 实务研究

被告在答辩中应充分运用相关法律依据，如《行政诉讼法》《适用解释》等，来支持自己的观点和主张。同时，也可以引用相关案例来增强答辩的说服力。

1）裁判规则梳理

（1）法律规定：《行政诉讼法》第十四条至二十四条对管辖进行规

定①。一般来说，一审的行政案件都是由基层人民法院来审理的。但是，有些特定类型的案件，或者特别重大、复杂的案件，就会由更高级别的法院来审理。具体来说：①如果案件涉及的是国务院部门或县级以上地方政府的行政行为，或者是海关处理的案件，或者是特别重大、复杂的案件，那么这些案件就会由中级人民法院来审理。当然，还有其他法律特别规定由中级人民法院审理的案件也是如此。②高级人民法院则负责审理其辖区内的那些特别重大、复杂的一审行政案件。③最高人民法院，作为我们国家的最高审判机关，它会审理那些在全国范围内都特别重大、复杂的一审行政案件。④一般来说，行政案件都是由最初作出行政行为的行政机关所在地的法院来管辖的。但如果这个案件经过了行政复议，那么复议机关所在地的法院也可以管辖。在某些特殊情况下，经过最高人民法院的批准，高级人民法院还可以决定让某些人民法院跨行政区域来管辖行政案件。⑤如果案件是关于限制人身自由的行政强制措施的，那么原告可以选择在被告所在地或者原告所在地的法院提起诉讼。⑥如果案件是关于不动产的，那么就是由不动产所在地的法院来管辖。⑦如果两个或两个以上的法院都有管辖权，那么原告就可以选择其中一个法院来提起诉讼。如果原告同时向多个有管辖权的法院提起了诉讼，那么最后就由最先立案的法院来管辖。⑧如果法院在受理案件后发现这个案件其实不属于自己管辖，那么它就应该把这个案件移送给有管辖权的法院。接收移送的法院必须受理这个案件。但如果接收移送

---

① 《中华人民共和国行政诉讼法》："第十四条：基层人民法院管辖第一审行政案件。第十五条：中级人民法院管辖下列第一审行政案件：（一）对国务院部门或者县级以上地方人民政府所作的行政行为提起诉讼的案件；（二）海关处理的案件；（三）本辖区内重大、复杂的案件；（四）其他法律规定由中级人民法院管辖的案件。第十六条：高级人民法院管辖本辖区内重大、复杂的第一审行政案件。第十七条：最高人民法院管辖全国范围内重大、复杂的第一审行政案件。第十八条：行政案件由最初作出行政行为的行政机关所在地人民法院管辖。经复议的案件，也可以由复议机关所在地人民法院管辖。经最高人民法院批准，高级人民法院可以根据审判工作的实际情况，确定若干人民法院跨行政区域管辖行政案件。第十九条：对限制人身自由的行政强制措施不服提起的诉讼，由被告所在地或者原告所在地人民法院管辖。第二十条：因不动产提起的行政诉讼，由不动产所在地人民法院管辖。第二十一条：两个以上人民法院都有管辖权的案件，原告可以选择其中一个人民法院提起诉讼。原告向两个以上有管辖权的人民法院提起诉讼的，由最先立案的人民法院管辖。第二十二条：人民法院发现受理的案件不属于本院管辖的，应当移送有管辖权的人民法院，受移送的人民法院应当受理。受移送的人民法院认为受移送的案件按照规定不属于本院管辖的，应当报请上级人民法院指定管辖，不得再自行移送。第二十三条：有管辖权的人民法院由于特殊原因不能行使管辖权的，由上级人民法院指定管辖。人民法院对管辖权发生争议，由争议双方协商解决。协商不成的，报它们的共同上级人民法院指定管辖。第二十四条：上级人民法院有权审理下级人民法院管辖的第一审行政案件。下级人民法院对其管辖的第一审行政案件，认为需要由上级人民法院审理或者指定管辖的，可以报请上级人民法院决定。"

的法院认为这个案件按照规定也不属于自己管辖，那么它就不能再行移送了，而应该报请自己的上级法院来指定管辖。⑨如果原本有管辖权的法院因为特殊原因不能行使管辖权了，那么它的上级法院就可以指定其他法院来管辖这个案件。如果两个法院之间对管辖权发生了争议，那么它们应该先尝试协商解决。如果协商不成，那么就可以报请它们的共同上级法院来指定管辖。⑩上级法院是有权力审理下级法院管辖的一审行政案件的。而下级法院如果认为自己管辖的一审行政案件需要由上级法院来审理或者指定管辖的话，那么它就可以报请上级法院来作出决定。

（2）现行司法解释：《适用解释》第三条至第十一条规定管辖问题①，具体而言：

①审理行政案件以及审查行政机关关于其行政行为的执行申请，是各级人民法院行政审判庭的职责。但需明确，专门的人民法院和人民法庭不参与行政案件的审理，也不涉及行政机关行政行为的审查和执行。对于铁路运输法院等专门人民法院，在审理行政案件时，必须遵循《行政诉讼法》第十八条第二款的规定。

②案件一旦立案，不论当事人住所地、追加被告等事实或法律状态如何变化，都不会影响受诉人民法院的管辖权。

---

① 《最高人民法院关于适用〈中华人民共和国行政诉讼法〉的解释》："第三条：各级人民法院行政审判庭审理行政案件和审查行政机关申请执行其行政行为的案件。专门人民法院、人民法庭不审理行政案件，也不审查和执行行政机关申请执行其行政行为的案件。铁路运输法院等专门人民法院审理行政案件，应当执行行政诉讼法第十八条第二款的规定。第四条：立案后，受诉人民法院的管辖权不受当事人住所地改变、追加被告等事实和法律状态变更的影响。第五条：有下列情形之一的，属于行政诉讼法第十五条第三项规定的'本辖区内重大、复杂的案件'：（一）社会影响重大的共同诉讼案件；（二）涉外或者涉及香港特别行政区、澳门特别行政区、台湾地区的案件；（三）其他重大、复杂案件。第六条：当事人以案件重大复杂为由，认为有管辖权的基层人民法院不宜行使管辖权或者根据行政诉讼法第五十二条的规定，向中级人民法院起诉，中级人民法院应当根据不同情况在七日内分别作出以下处理：（一）决定自行审理；（二）指定本辖区其他基层人民法院管辖；（三）书面告知当事人向有管辖权的基层人民法院起诉。第七条：基层人民法院对其管辖的第一审行政案件，认为需要由中级人民法院审理或者指定管辖的，可以报请中级人民法院决定。中级人民法院应当根据不同情况在七日内分别作出以下处理：（一）决定自行审理；（二）指定本辖区其他基层人民法院管辖；（三）决定由报请的人民法院审理。第八条：行政诉讼法第十九条规定的'原告所在地'，包括原告的户籍所在地、经常居住地和被限制人身自由地。对行政机关基于同一事实，既采取限制公民人身自由的行政强制措施，又采取其他行政强制措施或者行政处罚不服的，由被告所在地或者原告所在地人民法院管辖。第九条：行政诉讼法第二十条规定的'因不动产提起的行政诉讼'是指因行政行为导致不动产物权变动而提起的诉讼。不动产已登记的，以不动产登记簿记载的所在地为不动产所在地；不动产未登记的，以不动产实际所在地为不动产所在地。第十条：人民法院受理案件后，被告提出管辖异议的，应当在收到起诉状副本之日起十五日内提出。对当事人提出的管辖异议，人民法院应当进行审查。异议成立的，裁定将案件移送有管辖权的人民法院；异议不成立的，裁定驳回。人民法院对管辖异议审查后确定有管辖权的，不因当事人增加或者变更诉讼请求等改变管辖，但违反级别管辖、专属管辖规定的除外。 第十一条：有下列情形之一的，人民法院不予审查：（一）人民法院发回重审或者按第一审程序再审的案件，当事人提出管辖异议的；（二）当事人在第一审程序中未按照法律规定的期限和形式提出管辖异议，在第二审程序中提出的。"

③在《行政诉讼法》第十五条第三项中提到的"本辖区内重大、复杂的案件"，主要包括以下几类：具有重大社会影响的共同诉讼案件，涉外案件或涉及香港、澳门、台湾地区的案件，以及其他被认定为重大、复杂的案件。

④若当事人以案件重大且复杂为由，认为有管辖权的基层人民法院不宜处理或根据《行政诉讼法》第五十二条选择向中级人民法院起诉，中级人民法院必须在七日内作出决定，决定可能包括：自行审理案件、指定辖区内的其他基层人民法院管辖，或直接告知当事人向具有管辖权的基层人民法院提起诉讼。

⑤基层人民法院在审理其管辖的第一审行政案件时，若认为需要由中级人民法院审理或进行指定管辖，可以向上级的中级人民法院提出申请。中级人民法院同样需要在七日内作出决定，可能的选择包括：自行审理、指定其他基层人民法院管辖，或决定仍由原申请的基层人民法院审理。

⑥在《行政诉讼法》第十九条中提及的"原告所在地"，实际上涵盖了原告的户籍所在地、经常居住地以及被限制人身自由的地方。如果行政机关基于同一事实对原告采取了限制人身自由的行政强制措施以及其他行政措施或处罚，原告有权选择在被告所在地或原告所在地的人民法院提起诉讼。

⑦"因不动产提起的行政诉讼"，如《行政诉讼法》第二十条所述，是指因行政行为导致不动产物权发生变动而引起的诉讼。对于已登记的不动产，其所在地以不动产登记簿上的记载为准；对于未登记的不动产，则以其实际所在地为准。

⑧人民法院在受理案件后，若被告对管辖权提出异议，必须在收到起诉状副本后的十五日内提出。人民法院将对管辖异议进行仔细审查，并在异议成立时将案件移送至具有管辖权的人民法院；若异议不成立，则裁定驳回。一旦人民法院确定其具有管辖权，即使当事人增加或变更诉讼请求，也不会改变管辖权的归属，但违反级别管辖和专属管辖规定的除外。

⑨在以下特定情况下，人民法院将不会对管辖异议进行审查：一是当案件被人民法院发回重审或按照第一审程序再审时，当事人提出的管

辖异议；二是当事人在第一审程序中未按照法律规定的期限和形式提出管辖异议，而是在第二审程序中才提出的异议。在这些情况下，人民法院将不会受理并审查这些管辖异议。

2）裁判观点

在实际应用中，裁判规则体现了法律的严谨与公正，对管辖规则进行了补充。

观点一：移送管辖的前提是案件已经受理。

例如：在最高人民法院审理的童传霞因诉安徽省发展和改革委员会政府信息公开及安徽省人民政府行政复议决定一案中，一审法院在接到起诉状后，发现该案不属于该院受理范围的，应当按照《行政诉讼法》第二十二条的规定，将本案移送基层法院。一审法院作出行政裁定，对童传霞的起诉，不予立案。二审法院维持原裁定。最高人民法院认为，管辖的前提是案件已经受理。在立案阶段即发现案件不属于该院管辖，可以径行裁定不予立案。

观点二：共同被告级别管辖为基层人民法院管辖。

例如：最高人民法院审理的侯峰诉太和县人民政府、太和县城关镇人民政府房屋行政强制拆除及行政赔偿一案中，关于房屋及土地是否在征收范围内的问题，侯峰认为太和县人民政府、城关镇人民政府在未与其签订征收补偿协议的情况下，将其房屋强制拆除，向安徽省阜阳市中级人民法院起诉太和县人民政府、城关镇人民政府。一审法院认为本案应当由基层法院管辖，驳回其起诉。二审法院维持原裁定。最高人民法院认为，对于借机抬高级别管辖的，可以不由自己审理，但不应当是全案驳回起诉，而应在裁定驳回针对较高层级的行政机关的起诉之后，将案件移送有管辖权的基层人民法院。这些裁判规则不仅确保了法律的正确实施，也为类似案件的处理提供了有力参考。

观点三：层级人民审查案件实行异地交叉管辖制度。

根据《行政诉讼法》第十八条的规定①，各省、直辖市的高级人民法院可以在最高院的批准下，根据实际审判的需要，可以选定几个人民

---

① 《中华人民共和国行政诉讼法》第十八条第二款："经最高人民法院批准，高级人民法院可以根据审判工作的实际情况，确定若干人民法院跨行政区域管辖行政案件。"

法院跨行政区域管辖行政案件，各地确定异地交叉管辖行政案件制度。

行政诉讼异地交叉管辖是指将行政诉讼案件交由被告行政机关所在地以外的法院管辖，打破了《行政诉讼法》中"原告即被告"的一般管辖原则。它发端于 2002 年 7 月浙江省台州市中级人民法院的一项司法改革尝试，具体做法是基层法院将县级以上人民政府为被告或有 10 名以上原告的行政案件，提交给中级人民法院，再由中级人民法院指定被告所在地以外的基层法院进行异地审理。

新修订的《行政诉讼法》实施以来，各地人民法院尝试对异地交叉管辖进行探索，以辽宁省为例，大连市中级人民法院于 2016 年 7 月 1 日开始实施的《大连市中级人民法院关于行政诉讼案件异地交叉管辖的实施办法（试行）》，实现基层人民法院对案件实施交叉管辖。《大连市中级人民法院关于行政诉讼案件异地交叉管辖的实施办法（试行）》，关于行政诉讼案件实行异地单循环交叉方式具体分为两组：第一组，普兰店区人民法院审理庄河市人民法院管辖的案件，庄河市人民法院审理瓦房店市人民法院管辖的案件，瓦房店市人民法院审理金州区人民法院管辖的案件，金州区人民法院审理普兰店区人民法院管辖的案件；第二组，甘井子区人民法院审理开发区人民法院管辖的案件，开发区人民法院审理中山区人民法院管辖的案件，中山区人民法院审理旅顺口区人民法院管辖的案件，旅顺口区人民法院审理西岗区人民法院管辖的案件，西岗区人民法院审理沙河口区人民法院管辖的案件，沙河口区人民法院审理甘井子区人民法院管辖的案件。长海县人民法院受理的行政诉讼案件数量较少，且当事人出行不便，故不实行异地交叉管辖。基层法院在实施异地单循环交叉方式审理案件后，当事人可以直接到异地交叉管辖法院起诉，若到原管辖地法院起诉的，便要求原管辖地法院立案庭应当做好引导和立案释明工作，告知其到异地交叉管辖法院起诉，或者直接立案登记后转送到异地交叉管辖法院，原告坚持在原管辖地法院审理的由原管辖地法院立案受理，异地交叉管辖实施前已经受理的行政诉讼案件，由原受理的人民法院继续审理。同时，该实施办法对基层法院提出工作要求，要求各基层人民法院选派专人负责行政案件的立案工作，做好异地交叉管辖后的立案衔接，按照"立审分离"的原则依法及时受理行政诉讼案件，不得因实施异地交叉管辖而影响审判工作。并由市中级人民法院负责对全市行政诉讼案件异地交叉管辖的指导工作，协调异地交叉管辖法院与原管辖地法院共同做好行政诉讼案件的受理和审理工作。

观点四：跨区域集中管辖制度。

行政案件集中管辖，就是将部分基层人民法院管辖的一审行政案件，通过上级人民法院统一指定的方式，交由其他基层人民法院集中管辖的制度。行政案件跨行政区划集中管辖，是全面深化人民法院改革的重要举措。《最高人民法院关于全面深化人民法院改革的意见——人民法院第四个五年改革纲要（2014—2018）》（以下简称"四五"改革纲要），围绕建成具有中国特色的社会主义审判权力运行体系这一关键目标，提出了7个方面65项司法改革举措，其中就探索设立跨行政区划的法院、改革行政案件管辖制度等作出专门规定。2014年12月，随着全国首批跨行政区划法院在上海、北京先期设立，跨行政区划法院已经成为全面深化人民法院改革的前沿阵地。"四五"改革纲要提出的改革举措目前正在跨行政区划法院稳步有序推进，行政案件目前是跨行政区划法院管辖的一类案件。行政案件跨行政区划集中管辖，虽然是局部改革，但能够产生全局性的意义。从先期成立的全国首批跨行政区划法院运行情况看，进一步明确案件管辖范围仍然是当前亟待解决的问题，行政案件跨行政区划集中管辖已经成为跨行政区划法院进一步深化改革和可持续发展的重要工作。

观点五：四级审级定位。

尽管最高人民法院在2023年9月28日宣布不再执行《最高人民法院关于完善四级法院审级职能定位改革试点的实施办法》[①]（法〔2021〕242号，简称《试点实施办法》），但在此之前的两年里，根据该办法的第二条和第三条规定，涉及县级和地市级人民政府为被告的四类特定第一审行政案件（包括政府信息公开案件、不履行法定职责的案件、行政复议机关不予受理或程序性驳回复议申请的案件，以及土地、

---

① 人民法院新闻传媒总社.关于完善四级法院审级职能定位改革试点的实施办法［EB/OL］.［2021−09−27］. https://www.Court.gov.cn/shenpan/xiangqing/324671.html.

山林等自然资源权属争议行政裁决案件）是由基层人民法院来管辖的。因此，在未来的行政诉讼中，仍有可能出现违反这一级别管辖规定的情况。被告在答辩时应当特别注意这一点，确保案件在正确的法院级别进行审理。虽然《试点实施办法》已不再执行，但过往两年的实践和规定仍对当前的行政诉讼具有一定的影响和指导意义。

观点六：级别管辖。

案情简介：某市民因不服市级政府作出的行政处罚决定，向市中级人民法院提起诉讼。

管辖分析：根据《行政诉讼法》第十五条的规定，对县级以上地方人民政府所作的行政行为提起诉讼的案件，由中级人民法院管辖。因此，市中级人民法院对此案具有管辖权。

案例意义：此案例说明了级别管辖的具体应用，即针对不同级别的行政机关所作出的行政行为，案件应由相应级别的法院管辖。

观点七：地域管辖的特殊情况。

案情简介：某企业因不服当地环保局作出的环保处罚决定，向环保局所在地法院提起诉讼。但由于环保局所在地法院与原告所在地法院属于同一地区，原告选择向自己的所在地法院提起诉讼。

管辖分析：根据《行政诉讼法》第十八条的规定，行政案件由最初作出行政行为的行政机关所在地人民法院管辖。但原告所在地法院也有管辖权，特别是在原告所在地与行政机关所在地属于同一地区的情况下。

案例意义：此案例展示了地域管辖的特殊情况，即当行政机关所在地与原告所在地属于同一地区时，原告可以选择向自己的所在地法院提起诉讼。

观点八：共同管辖与管辖权争议的处理。

案情简介：某市两个区政府因同一地块的使用权发生争议，分别对该地块上的企业作出不同的行政处理决定。企业不服，向两个区所在地的基层人民法院提起诉讼。两个法院均认为自己对案件有管辖权，产生管辖权争议。

管辖分析：根据《行政诉讼法》第二十一条的规定，两个以上人民法院都有管辖权的案件，原告可以选择其中一个人民法院提起诉讼。而针对管辖权争议，应由争议双方的共同上级人民法院指定管辖。

案例意义：此案例说明了共同管辖与管辖权争议的处理方式，即原告有权选择其中一个有管辖权的法院提起诉讼，而针对管辖权争议，则需要通过上级人民法院的指定来解决。

观点九：移送管辖的应用。

案情简介：某农民因不服乡政府作出的土地征收补偿决定，向市中级人民法院提起诉讼。市中级人民法院审查后认为，该案应由基层人民法院管辖。

管辖分析：根据《行政诉讼法》第二十二条的规定，人民法院发现受理的案件不属于本院管辖的，应当移送有管辖权的人民法院。本案中，市中级人民法院在审查后发现案件应由基层人民法院管辖，因此依法将案件移送至有管辖权的基层人民法院。

案例意义：此案例展示了移送管辖的应用。当法院发现受理的案件不属于其管辖范围时，应当及时将案件移送至有管辖权的法院，确保案件得到正确处理。

观点十：指定管辖的情形。

案情简介：某市两家公司因行政处罚决定发生争议，分别向两家公司所在地的基层人民法院提起诉讼。两家法院均认为自己对案件有管辖权，产生管辖权争议。经过协商，仍无法达成一致意见。

管辖分析：根据《行政诉讼法》第二十三条的规定，人民法院对管辖权发生争议，由争议双方协商解决。协商不成的，报它们的共同上级人民法院指定管辖。本案中，两家基层人民法院协商不成，最终由它们的共同上级人民法院指定管辖。

案例意义：此案例展示了指定管辖的情形。当法院之间对管辖权发生争议且协商不成时，需要通过共同上级人民法院的指定来解决。这有助于确保案件的公正、高效审理，避免管辖权争议影响当事人的合法权益。

这些案例有助于更直观地理解《行政诉讼法》中的管辖规定及其在实际操作中的应用。《行政诉讼法》中的管辖规定及裁判规则构成了行政案件处理的基础框架，行政机关对《行政诉讼法》管辖规定的理解，确保了法律适用的准确性和公正性，更好地维护行政机关的权益。

3）理解与适用

（1）中级人民法院不应将"市县级政府作为被告"的案件指定基层法院审理

《最高人民法院关于行政案件管辖若干问题的规定》（以下简称《管辖规定》）第一条规定了应当由中级人民法院管辖的行政案件。有观点认为，应当由中级人民法院管辖的行政案件仍然可以指定本辖区异地基层法院管辖，我们不同意该观点。此条规定系刚性规定。其实此条规定的中级人民法院受理的案件大约占案件总数量的5%，这5%的案件可以由中级人民法院和高级法院一审，在中、高级法院充实行政审判队伍的情况下，可以承受。目前，数量较多且影响重大的行政案件一般为城市房屋征收拆迁、集体土地征收、劳动与社会保障、环境保护等类型的案件，这些类型的案件一般涉及一个群体的共同利益，因此极易产生集团诉讼、共同诉讼。上述案件应当通过提高审级排除可能存在的干扰，一般由中级人民法院一审，影响特别重大的可以由高级法院一审。（以上内容基本与《公检法办案指南》2008年第2辑第42页载明的一致）

另外，对于适用《最高人民法院关于行政案件管辖若干问题的规定》第一条的规定，并不违反原《行政诉讼法》第二十三条第一款（修改后亦将上级法院可以将自己管辖的案件移交下级法院审理之内容删除，详见新《行政诉讼法》第二十四条第一款）之规定。《行政诉讼法》第二十二条、第二十三条对指定管辖所作的较为原则的规定，出于审判实践的需要，《最高人民法院关于行政案件管辖若干问题的规定》通过对法律条款的细化解释，既增强了上述规定的可操作性，又体现了行政诉讼制度的功能和目的，并且已被实践证明是可行的，为《行政诉讼法》修改乃至司法体制改革奠定了基础。在现行司法体制和制度下，地方法院的人员、经费及物资装备等均受制于地方政府和行政机关，从某种意义上说，法院与同级政府之间存在直接的、密切的利害关系，受理以当地政府和行政机关为被告的案件，存在事实上应当回避的事由。实行异地管辖及适当提级管辖，法院能够公正审理行政案件，能够实现权利保障与权力监督的目的。

（2）共同管辖在实践中应注意的特殊情形

两个法院对同一案件均有管辖权：一是行政复议决定改变原具体行政行为的案件，行政复议机关和原行政机关所在地的人民法院都有权管辖。二是采取限制人身自由的行政强制措施案件，被告所在地的法院与原告户籍地、住所地、被限制人身自由地的法院都有权管辖。根据《适用解释》第九条，如果行政机关基于同一事实既对人身又对财产实施行政处罚或者采取行政强制措施的，被限制人身自由的公民、被扣押或者没收财产的公民、法人或者其他组织对上述行为均不服的，既可以向被告所在地人民法院提起诉讼，也可以向原告所在地人民法院提起诉讼，受诉人民法院可一并管辖；三是临界不动产案件，有关行政区域的人民法院都有权管辖。这里比较常见的是因临界库区、保护区而发生的案件。

（3）跨区域管辖

各地对跨区域管辖的适用，以辽宁为例，辽宁省高级人民法院于2020年9月29日发布《关于实施行政案件集中管辖的公告》规定：①对省人民政府、各设区的市人民政府（锦州市、营口市、盘锦市除外）所作的行政行为提起诉讼的第一审案件、沈阳铁路运输法院的第一审行政案件所作裁判提起上诉的案件由沈阳铁路运输中级法院管辖；②锦州市、营口市、盘锦市人民政府所作的行政行为提起诉讼的第一审案件、辽河人民法院的第一审行政案件所作裁判提起上诉的案件由辽河中级人民法院管辖；③省人民政府工作部门和沈阳市人民政府工作部门所作的行政行为提起诉讼的案件由沈阳铁路运输法院管辖、大连市人民政府工作部门所作的行政行为提起诉讼的案件由大连铁路运输法院管辖、丹东市人民政府工作部门所作的行政行为提起诉讼的案件由丹东铁路运输法院管辖、锦州市人民政府工作部门所作的行政行为提起诉讼的案件由锦州铁路运输法院管辖、盘锦市人民政府工作部门所作的行政行为提起诉讼的案件由辽河人民法院管辖；④其他基层人民法院除上述指定管辖案件外，原管辖的案件范围不变，已经实行集中管辖的继续运行；⑤对大连铁路运输法院、丹东铁路运输法院、锦州铁路运输法院的第一审行政案件所作裁判提起上诉的案件分别由大连市中级人民法院、丹东市中级人民法院、锦州市中级人民法院管辖；⑥大连海事法院的管辖范围按照《最高人民法院关于海事法院受理案件范围的规定》（法释〔2016〕4号）执行；⑦各基层人民法院管辖的行政非诉案件审查和执行工作，仍依法由申请人所在地或不动产所在地基层人民法院负责。

（4）几种特殊类型案件的管辖

① "因" 不动产案件管辖。

《行政诉讼法》第二十条规定，因不动产提起的行政诉讼，由不动产所在地人民法院管辖。这被称为专属管辖，即法律强制规定，特定的诉讼只能由特定的法院进行管辖。不动产一般是指不能移动其位置或者其位置移动后就会引起其性能、价值、形状等改变的财产，主要是指土地（包括滩涂、草原、山岭、荒地等）及其地面附着物。所谓附着物，是指自然或者人工附在地之上或之中的物体，如建筑物、矿山、山林及其他附着物等。"不动产所在地" 主要是指不动产作为实物所处的地方，而不是指不动产所有权人所在地。

人民法院在审理因不动产提起的行政诉讼时，也常常需要对不动产进行勘验，以确定不动产管理部门的行政行为的合法性及正确性。不动产所在地人民法院对不动产的原始状态，所有权、使用权归属，演变、发展过程，当地的具体做法甚至是风俗习惯都比较清楚；也便于人民法院对案件进行实地调查和现场勘查，从而准确、及时地了解案情，公正地作出判决，可以避免办案人员疲于奔波辛劳，致使人力、物力和财力的浪费，也有利于人民法院针对不动产问题所作的行政判决、裁定的执行。所谓 "因不动产提起的行政诉讼"，是指公民、法人或者其他组织的所有权或使用权与行政机关或组织发生行政争议，而向人民法院起诉的案件。在 "因不动产提起的行政诉讼" 中，不动产是案件的客体，或者是产生行政诉讼的原因。如果不动产仅仅是证据或与案件有关联，则不属于不动产案件。目前，这类案件主要有：a.因不动产所有权、使用权归属提起的行政诉讼；b.因建筑物的拆除、翻修、改建、扩建等而提起的行政诉讼；c.因土地征用及与此有关的行政处罚或行政强制措施所致的行政诉讼；d.因污染不动产提起的行政诉讼。对这类行政诉讼案件，若被告行政机关所在地法院与不动产所在地法院不一致的，不能由作出行政行为的行政机关所在地的人民法院管辖，而应由不动产所在地的人民法院管辖（如果不动产所在地涉及两个以上人民法院所在地，则可由原告选择其中一个人民法院提起诉讼）。

②"涉及"不动产案件的管辖。

"因不动产提起的诉讼"，不能理解为凡涉及不动产的诉讼，只有被诉行政行为直接针对不动产的，才应当由不动产所在地人民法院管辖。

在司法实践中，有些地方法院往往以国有产权包含不动产产权为由，于当地立案审理。由于涉案单位产权大都包含不动产产权，且有的涉案单位在几地都有不动产，由此在行政诉讼的管辖权问题上经常发生争议。《最高人民法院关于国有资产产权管理行政案件管辖问题的解释》（法释〔2001〕6号）规定：当事人因国有资产产权界定行为提起行政诉讼的，应当根据不同情况确定管辖法院。产权界定行为直接针对不动产作出的，由不动产所在地人民法院管辖。产权界定行为针对包含不动产在内的整体产权作出的，由最初作出产权界定的行政机关所在地人民法院管辖；经过复议的案件，复议机关改变原产权界定行为的，也可以由复议机关所在地人民法院管辖。此解释为我们理解不动产案件管辖问题，提供了一个新的视角。

对不动产专属管辖规定作限缩解释，也有相应的立法例作为基础。我国台湾地区"行政诉讼法"第十五条曾规定，"因不动产之公法上权利或法律关系涉讼者，专属不动产所在地之行政法院管辖。"但后来在2009年修订过程中进一步缩小了不动产案件专属管辖的范围，该第十五条被修改为：因不动产征收、征用或拨用之诉讼，专属不动产所在地之行政法院管辖。除前述情形外，其他有关不动产之公法上权利或法律关系涉讼者，得由不动产所在地之行政法院管辖。

现行民事诉讼法第三十三条第一款第一项规定"因不动产纠纷提起的诉讼由不动产所在地人民法院管辖"。实践中，对"不动产纠纷"外延理解不一，审判实务中存在着不同的操作，有的法院将其局限于不动产物权纠纷，有的法院将其拓展到凡是涉及不动产的案件。专属管辖属于强行性规定，不允许当事人通过合意进行变通，其适用范围应当尽可能限定在确有必要的范围内。不动产纠纷专属管辖的设置目的在于便利法院调查相关不动产状况，而产债权纠纷通常并不存在调查不动产状况的必要性，因而，将其限定在不动产物权纠纷的范围内。不动产物权纠纷的范围可以依据最高人民法院的民事案由规定确定。有的观点甚至进一步主张对不动产物权纠纷的范围进一步缩小，限定于因不动产的权利确认、分割和相邻关系引起的物权纠纷，在民事诉讼法司法解释中，相关部门作出如下解释：民事诉讼法第三十三条第一款第一项规定的"不动产纠纷"是指因不动产的权利确认、分割、相邻关系等引起的物权纠纷。农村土地承包经营权纠纷、政策性房屋买卖合同纠纷、房屋租赁合同纠纷、建设工程施工合同纠纷，可以按照不动产纠纷管辖。

③限制人身自由行政强制措施的选择管辖。

随着社会的发展，公民在户籍所在地或经常居住地之外开展经济、文化活动越来越多。在行政管理实践中，相当一部分被采取限制人身自由强制措施的公民都是外出人员，其所在地与被告行政机关所在地并不一致。这些公民对限制人身自由的强制措施不服提起诉讼的，如果仍然坚持由被告所在地人民法院管辖，则不利于保护原告合法权益，甚至可能让原告因此而放弃起诉。因此，为了更好地保护公民的人身自由，让公民便于通过行政诉讼阶段维护合法权益，《行政诉讼法》第十九条规定："对限制人身自由的行政强制措施不服提起的诉讼，由被告所在地或者原告所在地人民法院管辖。"

这就意味着被采取限制人身自由行政强制措施的公民既可以选择到被告所在地法院提起诉讼，也可以到自己所在地法院提起诉讼。一般认为，"原所在地"是指原告的户籍所在地、经常居住地和被限制人身自由地。公民经常居住地是公民离开住所地至起诉时已连续居住1年以上的地方，但公民住院就医除外。实践中，对于公安机关或者其他行政机关收容审查非法限制人身自由的行政行为，也都可以由原告所在地法院管辖。

实践中，行政机关基于同一事实既对人身又对财产实施行政处罚或者采取行政强制措施的，被限制人身自由的公民、被扣押或者没收财产的公民法人或者其他组织对上述行为均不服的，既可以向被告所在地人民法院提起诉讼，也可以向原告所在地人民法院提起诉讼，受诉人民法院可一并管辖。最高人民法院《关于在同一事实中对同一当事人，行政机关同时作出限制人身自由和扣押财产两种具体行政行为，当事人依法向其住所地法院起诉，受诉法院是否可以合并审理问题的答复》（〔93〕行他 16 号）就规定：行政机关基于同一事实，对同一当事人作出限制人身自由和扣押财产两种具体行政行为，如果当事人对这两种具体行政行为均不服，向原告所在地人民法院提起诉讼，原告所在地人民法院可以将当事人的两个诉讼请求合并审理。这种做法，既保护了原告权益，也节约了司法成本，还便于被告行政机关参加诉讼，有效提高案件审判的效率，尽快化解纠纷，实现案结事了。

然而，对于何谓"限制人身自由的行政强制措施"，学界存在不同的认识。有的观点认为，所谓"限制人身自由的行政强制措施"，不是指已纳入行政处罚的行政拘留等人身强制处分，而是指那些非处罚性的限制人身自由的行政措施。有的观点认为，《行政诉讼法》规定的选择地域管辖的条件是限制人身自由的行政强制措施，包括非法关押、非法拘禁、收审等，不包括行政处罚。而仅从文义解释来看，《中华人民共和国行政处罚法》（以下简称（《行政处罚法》）第八条规定行政处罚的种类包括行政拘留。《中华人民共和国治安管理处罚法》（以下简称《治安管理处罚法》）第十条规定，治安管理处罚的种类包括行政拘留；可见，对限制人身自由的行政拘留，由于属于行政处罚，而不属于行政强制措施，不能适用《行政诉讼法》第十九条的规定，也就不能由原告所在地人民法院进行管辖。

④多个被告作出同一行政行为的管辖。

在通常情况下，行政行为是由一个行政机关作出，因此由被告行政机关所在地人民法院管辖，就十分容易确定。实践中，也有一些行政行为是由两个或者两个以上行政机关共同作出，原告起诉后，就存在两个或者两个以上的被告，就可能出现两个以上人民法院有权管辖的情形。对此类案件，在确定管辖时，首先，应考虑是否存在级别管辖问题：如果有一个被告主体需要中级人民法院管辖，那么案件就应当由中级人民法院管辖。其次，如果按级别管辖，且众被告所在地位于两个以上人民法院的管辖范围，那么两个以上人民法院都可以管辖。具体由原告在起诉时，自行选择。在征得原告同意后，人民法院之间也可协商管辖。协商不成的，也可报请共同上一级人民法院决定。

⑤多个被告相关联行政行为的合并管辖。

所谓合并管辖，又称为牵连管辖，是指对特定案件有管辖权的法院，可以管辖与该案存在牵连关系的其他案件。合并管辖有两个特征：一是，受法院实施合并管辖的目的在于将被合并管辖的案件与已经受理的案件进行合并审理。二是，被合并管辖的案件与法院已经受理的案件具有牵连关系。合并管辖的最大特点就在于其牵连性，相互之间没有牵连关系的案件不能合并管辖。合并管辖的意义主要在于提高诉讼效率和减少司法成本。从提高诉讼效率角度而言，将两个以上的诉讼请求、诉讼程序合并于一个诉讼程序当中并以同一诉讼程序就本案和与本案有牵连关系的案件作出判断，远比两次以上的诉讼程序甚至向两个以上法院起诉所耗费的时间要少得多。同时，也有利于法院尽快查清案件事实，提高办案效率。从减少司法成本而言，合并管辖可以有效减少两个以上法院可能的重复劳动。当事人参加两个以上诉讼，两个以上法院分别审理裁判，既不利于节省当事人的诉讼成本，也不利于节约国家和社会的成本。

即使多个被告不是作出同一个行政行为，而是分别作出数个相关联的行政行为，如果其中有一个行为属于中级人民法院管辖，那么为节约司法成本，提高审判效率，防止裁判冲突，中级人民法院可以决定由一个法院行使管辖权。全部属于基层人民法院管辖的，相关的中级人民法院也可通过裁定的方式指定其中一个基层法院集中管辖数个相关联的行政案件。

⑥以县级人民政府名义办理不动产物权登记案件的管辖。

目前，受行政干预较大的以县级人民政府为被告的案件，主要集中在村集体土地的征收征用、城市房屋的征收与补偿等领域。这类案件在当地影响大，处理不好直接影响社会稳定，同时法院审理中受到的干扰亦较大。为了排除干扰，确保法院公正作出裁判，应当由中级人民法院管辖。但实践中也有许多以县级人民政府名义颁发不动产权属证书的案件。如以县级人民政府名义，颁发国有土地使用证、山林确权以及部分地区的颁发房屋权属证书等颁证行为。此类案件可以不一律由中级人民法院一审，而是由各地根据情况自主统一规定，并按照国务院《不动产登记条例》的规定执行。

主要理由如下：

第一，这些颁证行为名义上是县级人民政府作出，但实际上主要是土地、林业、房屋等政府职能部门的行为，县级人民政府只是加盖印章而已。县级人民政府依法代表国家确权颁证，只是对民事权益进行的物权登记，一般只涉及平等主体的原告和第三人之间的民事权益争议，政府一般也不会干预法院公正审理。

第二，此类案件经常涉及走访当事人、看现场和勘验，还可能要借助当地力量进行协调和解，由当地法院审理更为适宜。

第三，此类案件数量较多，如果全部由中级人民法院一审，既无必要又大量增加中级人民法院工作量，且高级人民法院二审案件数量会明显增加。加之，再审事由法定化改革后，此类案件申请再审数量可能大增，最高人民法院也将难以应对大量的申请再审案件。

因此，《管辖规定》第一条规定，被告为县级以上人民政府的案件由中级人民法院管辖，但以县级以上人民政府名义颁发不动产权属证书的案件可以除外。该条表述为"可以"，是为了保留一定的灵活性，以避免将一些确实重大复杂的案件也排除在外。

2.3 实战经验

2.3.1 管辖权异议案件答辩思路

在行政诉讼答辩中，对管辖权异议的识别与处理是确保诉讼程序正当性和效率的重要环节。这种质疑可能基于多种原因，如地域管辖、级别管辖或其他相关法律规定。

1）一般案件管辖权异议

（1）确认受理法院的管辖权：答辩人应明确指出受理该行政案件的法院是否具有管辖权。这需要根据《行政诉讼法》及相关司法解释中关于级别管辖和地域管辖的规定，结合案件的具体情况进行判断。如果认为受理法院没有管辖权，答辩人可以提出管辖异议，请求将案件移送有管辖权的法院审理。

（2）分析案件性质与管辖关系：答辩人还应分析案件的性质与管辖的关系，确保案件属于行政诉讼的受案范围，并符合管辖规定。如果案件不属于行政诉讼的受案范围，或者不符合管辖规定，答辩人可以提出相应的抗辩理由，请求法院驳回起诉。

（3）论证管辖转移与指定管辖的合理性：如果案件存在管辖转移或指定管辖的情况，答辩人需要论证这种管辖转移的合理性。这需要根据《行政诉讼法》及相关司法解释中关于管辖转移和指定管辖的规定，结合案件的具体情况进行说明。同时，答辩人还应提供相应的证据支持其管辖转移或指定管辖的主张。

（4）回应原告的管辖异议：如果原告对受理法院的管辖权提出异议，答辩人需要针对原告的异议进行回应。这包括解释为什么受理法院具有管辖权，以及原告提出的异议理由不能成立的原因。同时，答辩人还可以提供相关的法律依据和案例支持其观点。

总之，在管辖方面的答辩思路中，答辩人需要充分理解《行政诉讼法》及相关司法解释中关于管辖的规定，结合案件的具体情况进行分析和论证。同时，答辩人还需要提供充分的证据和法律依据支持其观点，以确保案件能够得到公正、高效的处理。

2）特殊行政案件管辖权异议答辩

实践中，对一些特殊管辖，被告也应及时提出管辖异议，比如针对交叉管辖和集中管辖，行政机关作为被告，均有权对管辖权提出异议。再比如在涉及不动产的行政诉讼中，一般原则是由不动产所在地的人民法院管辖，因为不动产案件往往与不动产所在地的法律环境、土地政策等紧密相关。然而，也存在一些特殊情况，即使被诉的具体行政行为涉及不动产，但并不直接针对不动产的所有权、使用权等权属问题，此时可以考虑由被告所在地法院受理。但是，在一些特殊情况下，虽然案件涉及不动产，但核心争议点并不在于不动产的权属问题，而是与行政许可、征收征用、拆迁裁决等行政行为，或者行政复议程序中的相关问题有关，这些案件可以由被告所在地法院受理。当然，被告也有权提出管辖权异议，认为案件应当由不动产所在地法院管辖。

具体来说，以下几种情况可以考虑由被告所在地法院受理：

（1）因不动产建设许可所引发的案件：这类案件主要涉及行政许可行为，与不动产的权属问题关系不大，因此可以由被告所在地法院受理。

（2）集体土地被依法批准征收、征用后，在公告、组织实施过程中作出的行政行为所引发的案件：这类案件主要涉及征收征用过程中的行政行为，与不动产的权属变更问题有关，但并不直接针对权属问题本身，因此也可以考虑由被告所在地法院受理。

（3）因房屋拆迁许可、拆迁裁决等行政行为所引发的案件：这类案件主要涉及拆迁过程中的行政行为和裁决，与房屋的使用权、所有权等权属问题有关，但并不直接针对权属问题本身，因此也可以考虑由被告所在地法院受理。

（4）因不动产引发的行政复议中，复议机关作出的不予受理、中止复议、终止复议引发的案件：这类案件主要涉及行政复议程序中的相关问题，与不动产的权属问题关系不大，因此可以由被告所在地法院受理。

（5）要求行政机关履行涉及不动产的法定职责的案件：这类案件主要涉及行政机关的法定职责问题，虽然涉及不动产，但并不直接针对不动产的权属问题，因此也可以考虑由被告所在地法院受理。

2.3.2 实战案例

案例一：李某因不服C县综合执法部门强制拆除其违法建筑，到C县人民法院提出起诉。法院立案后，李某又追加C县县政府为第二被告，并提请C区人民法院将案件转至市中级人民法院。C县县政府作为第二被告，在接到起诉状后，对管辖方面提出异议。法院管辖主要分为级别管辖和地域管辖。影响级别管辖的主要是案件重大程度、被告级别；影响地域管辖的主要是当事人住所地、财产所在地等。《最高人民法院关于适用〈行政诉讼法〉的解释》第四条规定：立案后，受诉人民法院的管辖权不受当事人住所地改变、追加被告等事实和法律状态变更的影响。故根据该规定，李某追加被告这一事实，以及其认为的法律状态变更，均不能导致法院管辖权发生变化。

案例二：原告吕某诉被告市人民政府、被告市自然资源局、被告市自然资源事务服务中心行政纠纷一案，向中级人民法院提起行政诉讼。原告吕某诉称，请求：判定被告收回、出让某号地块的土地使用权行政行为程序违法；未实施补偿安置拆除原告合法房屋，非法剥夺或占有原告不动产、动产物权违法；判令被告按判决时点依法对被拆除房屋给予原址恢复或按市场价值（含土地使用权、房屋、装修及屋内生活用品等）给予赔偿；判令被告依据《某市城市房屋拆迁管理办法》支付原告临时安置补助费及其他相应的搬迁费用，并按中国人民银行房屋贷款基准利率的复利计算法计算赔偿利息（59万元）；判令被告赔偿因维权、诉讼等所产生的费用及误工费（5万元）等。中级人民法院受理此案，并对案件作出了判决。

本案管辖无异议，虽然本案所诉行政行为由县级以上行政机关作出，但是，此案涉及不动产拆迁补偿问题，因此应由不动产所在地人民法院受理一审诉讼。

综上所述，无论被告对管辖权持何种立场，都应尊重法院的裁决结果并积极配合诉讼。如果法院最终裁定具有管辖权，被告应遵守裁定结果并积极参与后续诉讼活动；如果法院裁定不具有管辖权并将案件移送其他法院，被告也应尊重裁定结果并配合移送工作。同时，被告可以保留对管辖权裁定的上诉权利，依法维护自己的合法权益。

3 原告主体资格不适格的答辩

行政诉讼原告主体资格的确认比民事诉讼原告主体资格的确认要复杂得多，因为行政行为的影响往往会超出相对人而及于其他利害关系人。因此，在确认原告主体资格时，需要综合考虑各种因素，如行政行为的性质、影响范围、原告与行政行为的关系等。

3.1 行政诉讼原告主体资格的界定及法理基础

3.1.1 行政诉讼原告主体资格的界定

行政诉讼原告主体资格是指具备何种条件的公民、法人或者其他组织可以依法成为行政诉讼的原告，即具备向法院提起行政诉讼的资格。具体来说，行政诉讼的原告主体资格需要满足以下条件：

（1）原告必须是与被诉行政行为有利害关系的公民、法人或者其他组织。这意味着原告必须是行政行为的相对人或其他与行政行为有利害关系的主体，例如行政行为的相关人或受到行政行为直接影响的相邻权人、公平竞争权人等。

（2）原告必须认为行政行为侵犯了其合法权益。这是原告提起诉讼的主观条件，即原告必须自认为其权益受到了行政行为的侵害。

（3）原告必须以自己的名义向人民法院提起诉讼。这意味着原告必须具备独立的诉讼地位，能够以自己的名义进行诉讼活动，并承担相应的诉讼结果。

3.1.2　行政诉讼原告主体资格的法理基础

1）行政诉讼原告主体资格的法理基础主要包括以下几个方面：

（1）人民主权原则。在民主法治国家，人民是国家的主人，国家的一切权力属于人民。行政诉讼制度作为民主法治制度的重要组成部分，其原告主体资格的确认应当体现人民主权原则，保障人民有权依法维护自己的合法权益。

（2）法治原则。法治原则要求行政机关必须依法行使职权，对违法行政行为，公民、法人和其他组织有权依法寻求司法救济。因此，确认行政诉讼原告主体资格，是法治原则在行政诉讼领域的具体体现，有助于确保行政行为的合法性，维护法治秩序。

（3）权利保障原则。行政诉讼原告主体资格的确认，旨在保障公民、法人和其他组织的合法权益不受违法行政行为的侵害。当个体权益受到侵害时，法律应为其提供有效的救济途径。因此，原告主体资格的确认是权利保障原则在行政诉讼中的重要体现。

（4）平等原则。平等原则要求法律面前人人平等，不允许任何人有超越法律的特权。在行政诉讼中，无论原告的身份、地位如何，只要其合法权益受到侵害，都应享有平等的诉讼权利。因此，原告主体资格的确认应当遵循平等原则，确保每个个体都能依法维护自己的权益。

综上所述，这些原则共同构成了行政诉讼原告主体资格的理论基石，为行政诉讼制度的建立和完善提供了坚实的法理支撑。同时，这些原则也要求在实践中不断完善和优化行政诉讼原告主体资格的相关制度设计，以更好地保障公民的诉讼权利和维护社会公正。

2）行政诉讼原告主体资格不适格的理论分析

行政诉讼原告主体资格不适格，是指原告在行政诉讼中不具备提起诉讼的法定条件，如原告与行政行为无直接利害关系、原告不具备行政诉讼权利能力等情形。行政诉讼原告主体资格的适格性是行政诉讼合法性的基础，如果原告主体资格不适格，那么行政诉讼就失去了合法性依据。在理论上，行政诉讼原告主体资格不适格的答辩主要基于以下原则：

（1）利害关系原则。行政诉讼的原告必须与行政行为具有直接利害关系，即行政行为对其权利义务产生了实际影响。如果原告与行政行为无直接利害关系，则其不具备原告主体资格。

（2）行政诉讼权利能力原则。原告必须具备行政诉讼权利能力，即具备在行政诉讼中享有权利和承担义务的能力。如果原告不具备行政诉讼权利能力，则其不具备原告主体资格。

3.1.3　具体诉讼类型下的原告资格认定

1）形成诉讼中原告资格认定

形成诉讼的目的在于通过撤销、创设、变更判决等直接形成行政法关系或者权利，在此种情况下，判决的效力直接产生，无须通过强制执行等方式来实现。形成诉讼的典型例子就是撤销诉讼，即公民要求撤销行政行为的行政诉讼，在撤销之诉中，原告的资格认定应从以下几个方面认定：①可诉性行政行为存在。原告资格的第一个法定构成要件是，必须有可诉性的行政行为存在。如果行政行为没有存在，公民要求行政机关作出行政行为，撤销诉讼就不是合适的诉讼类型，而是义务诉讼。②原告属于行政行为针对行政相对人。行政相对人理论在撤销诉讼中具有非常重要的意义。如果一个行政相对人本身就是行政行为的直接相对人，则法院的审查将会比较简单。如果公民不属于行政行为针对的行政相对人，即属于行政程序之外的当事人，该当事人没有撤销诉讼中的利益。③权利属于自己的受保护的权利。"权利属于自己的受保护的权利"包括两个方面的内容：一是自己的权利。自己的权利要求起诉人必须主张自己的权利，不能主张第三人的权利。二是受保护的权利。

受保护的权利是指此种权利值得司法保护。属于实体法律和《行政诉讼法》的规定。④权利可能受到损害。

2）课予义务诉讼中原告资格的认定

课予义务诉讼是指原告请求法院就行政机关的拒绝行为、停止作出行为作出特定的、具体的行政行为的诉讼类型。课予义务诉讼的目标在于要求行政机关作出特定的、具体的行政行为。如果只是要行政机关作出单纯的行政行为，如单纯的答复、咨询、声明等事实行为，就应提起公法上的给付诉讼。课予义务诉讼实际上隐含于《行政诉讼法》关于判决的法律规定之中。但是，关于履行判决的规定有一些明显的缺陷，如法定责概念笼统、分类不细等。课予义务诉讼原告资格应当满足如下条件：①起诉人的主张不能明显而明确地排除。所谓"明显而明确地排除"是指起诉人的主张非常明显、非常明确地被排除在行政诉讼程序之外。明显而明确排除在行政诉讼程序之外的情形包括：a.起诉人要求立法机关制定规范性文件；b.起诉人要求行政机关作出明显违法或者不当的行为；c.起诉人要求行政机关作出针对行政机关内部的行政处分行为；d.起诉人要求作出一个无须审批的行政许可行为；e.起诉人要求行政机关作出另外一个行政机关职权行为：f.起诉人要求国家机关作出国家行为等。②起诉人专属于原告的利益可能受到侵害。③权利侵害的可能性。

3）给付诉讼中原告资格的认定

给付诉讼是指狭义的给付诉讼，即一般的给付诉讼，不包括课予义务诉讼。一般的给付诉讼是指要求行政机关作出或者停止作出一定的非行政行为的诉讼。在司法实践中，给付诉讼可能表现为两种形式：作为类的给付诉讼和停止作为类的给付诉讼。后者实际上属于一种消极意义上的给付诉讼，亦称防御诉讼。"给付"一词在汉语中一般表示为给予某种物品。但是，在大陆法系国家的法学概念中，给付更多针对的是一种行为。这种行为有可能是一种行政行为，也有可能是一种事实行为，甚或是一种法律关系。给付诉讼在行政诉讼类型中具有基础性和补缺性的地位。值得注意的是，正因为给付诉讼的补充性质，所以，如果法院能够采取课予义务诉讼，给付诉讼将排除在外，即课予义务诉讼作为特殊的给付诉讼具有优先适用效力。在给付诉讼中，原告资格的认定应当满足以下要件：①起诉人针对的主要是事实行为。②起诉人专属于原告的利益可能受到侵害。

4）确认诉讼中原告资格的认定

确认诉讼分为一般的确认诉讼和特殊的确认诉讼。一般的确认诉讼是指原告要求法院确认行政行为的合法性、效力以及行政法律关系是否存在的诉讼。确认诉讼原告资格一般要满足以下条件：①起诉人针对的是行政行为是否违法、行政行为是否无效、确认法律关系是否存在。②专属于原告的确认利益。

3.2 原告主体资格不适格实务解析与研究

行政诉讼中，原告主体资格的适格性直接关系到行政诉讼的合法性和有效性。当原告主体资格不适格时，被告有权进行答辩以维护自身的合法权益。因此，对行政诉讼原告主体资格不适格的答辩进行理论与实务研究具有重要的理论与实践意义。

3.2.1 实务解析

1）行政诉讼原告主体资格不适格的情形

（1）原告与行政行为无直接利害关系。行政诉讼的原告必须是与行政行为具有直接利害关系的公民、法人或其他组织。如果原告与行政行为无直接利害关系，则其不具备原告主体资格。

（2）原告不具备行政诉讼权利能力。行政诉讼的原告必须具备行政诉讼权利能力，即具备在行政诉讼中享有权利和承担义务的能力。如果原告不具备行政诉讼权利能力，则其不具备原告主体资格。

（3）原告未依法提起诉讼。行政诉讼的原告必须依法提起诉讼，包括符合起诉条件、在法定期限内提起诉讼等。如果原告未依法提起诉讼，则其不具备原告主体资格。

2）行政诉讼原告主体资格不适格的实务处理

（1）审查原告主体资格。在行政诉讼中，法院应当对原告的主体资格进行审查。如果原告主体资格不适格，法院应当依法裁定不予受理或驳回起诉。

（2）提出原告主体资格异议。被告可以在答辩状中提出原告主体资格异议，指出原告与行政行为无直接利害关系、不具备行政诉讼权利能力等情形，请求法院驳回原告起诉。

（3）提供证据支持。被告可以提供相关证据，证明原告主体资格不适格。例如，提供证据证明原告并非行政行为的相对人或利害关系人、原告不具备行政诉讼权利能力等。

3）行政诉讼原告主体资格不适格实务解析的注意事项

（1）准确理解原告主体资格的概念和要求。在实务处理中，需要准确理解原告主体资格的概念和要求，避免对原告主体资格的理解出现偏差或误解。

（2）充分审查相关证据和材料。在审查原告主体资格时，需要充分审查相关证据和材料，确保对原告主体资格的认定准确、合法。

（3）注重程序正义与实体公正的平衡。在处理行政诉讼原告主体资格不适格问题时，需要注重程序正义与实体公正的平衡，确保当事人的合法权益得到保障。

3.2.2 实务研究

1）裁判规则梳理

（1）法律规定：《行政诉讼法》第二十五条规定①了有权提起诉讼的公民、法人或其他组织，包括行政行为的相对人以及其他与行政行为有利害关系的公民、法人或其他组织。这一规定明确了行政诉讼的原告资格，即与行政行为有利害关系的公民、法人或其他组织有权提起诉讼。

---

① 《中华人民共和国行政诉讼法》："第二十五条：行政行为的相对人以及其他与行政行为有利害关系的公民、法人或者其他组织，有权提起诉讼。有权提起诉讼的公民死亡，其近亲属可以提起诉讼。有权提起诉讼的法人或者其他组织终止，承受其权利的法人或者其他组织可以提起诉讼。人民检察院在履行职责中发现生态环境和资源保护、食品药品安全、国有财产保护、国有土地使用权出让等领域负有监督管理职责的行政机关违法行使职权或者不作为，致使国家利益或者社会公共利益受到侵害的，应当向行政机关提出检察建议，督促其依法履行职责。行政机关不依法履行职责的，人民检察院依法向人民法院提起诉讼。"

（2）现行司法解释：《适用解释》第十二条至第十八条①进一步明确了原告资格的具体规定。这些规定包括：与行政行为有利害关系的情形、债权人提起行政诉讼的条件、近亲属的范围和权利、合伙企业、个体工商户、股份制企业、联营企业、中外合资或合作企业、非国有企业、事业单位、社会团体、基金会、社会服务机构等非营利法人的出资人、设立人以及业主委员会的原告资格等。

（3）裁判观点。

观点一：应当根据历史沿革认定两个经济组织之间的承继关系。

法律问题：因历史原因重新进行成立登记的大鑫材料厂是否有权作为原告对该颁证行为提起诉讼，其与处分原儋州市材料厂财产的行政行为之间是否存在利害关系。

法官会议意见：判断是否具有原告资格，关键在于确认利害关系。在行政诉讼中，只需要当事人能够提供初步证明，证明存在利害关系，其权利义务可能受到行政行为影响即可。根据本案现场核实的情况来看，原儋州市材料厂的职工后代一直在涉案土地所建宿舍居住并使用至今。在其上级主管部门多次作出的确认函件、批准文件等一系列行为中，大鑫材料厂与原儋州市材料厂之间的承诺关系均得到确认，虽然大鑫材料厂依照相关法律法规重新进行了成立登记，但是其与原儋州市材

---

① 《最高人民法院关于适用〈中华人民共和国行政诉讼法〉的解释》："第十二条：有下列情形之一的，属于行政诉讼法第二十五条第一款规定的'与行政行为有利害关系'：（一）被诉的行政行为涉及其相邻权或者公平竞争权的；（二）在行政复议等行政程序中被追加为第三人的；（三）要求行政机关依法追究加害人法律责任的；（四）撤销或者变更行政行为涉及其合法权益的；（五）为维护自身合法权益向行政机关投诉，具有处理投诉职责的行政机关作出或者未作出处理的；（六）其他与行政行为有利害关系的情形。第十三条：债权人以行政机关对债务人所作的行政行为损害债权实现为由提起行政诉讼的，人民法院应当告知其就民事争议提起民事诉讼，但行政机关作出行政行为时依法应予保护或者应予考虑的除外。第十四条：行政诉讼法第二十五条第二款规定的'近亲属'，包括配偶、父母、子女、兄弟姐妹、祖父母、外祖父母、孙子女、外孙子女和其他具有扶养、赡养关系的亲属。公民因被限制人身自由而不能提起诉讼的，其近亲属可以依其口头或者书面委托以公民的名义提起诉讼.近亲属起诉时无法与被限制人身自由的公民取得联系，近亲属可以先行起诉，在诉讼中补充提交委托证明。第十五条：合伙企业向人民法院提起诉讼的，应当以核准登记的字号为原告。未依法登记领取营业执照的个人合伙的全体合伙人为共同原告；全体合伙人可以推选代表人，被推选的代表人，应当由全体合伙人出具推选书。个体工商户向人民法院提起诉讼的，以营业执照上登记的经营者为原告。有字号的，以营业执照上登记的字号为原告，并应当注明该字号经营者的基本信息。第十六条：股份制企业的股东大会、股东会、董事会等认为行政机关作出的行政行为侵犯企业经营自主权的，可以企业名义提起诉讼。联营企业、中外合资或者合作企业的联营、合资、合作各方，认为联营、合资、合作企业权益或者自己一方合法权益受行政行为侵害的，该企业或者其法定代表人可以提起诉讼。非国有企业被行政机关注销、撤销、合并、强令兼并、出售、分立或者改变企业隶属关系的，该企业或者其法定代表人可以提起诉讼。第十七条：事业单位、社会团体、基金会、社会服务机构等非营利法人的出资人、设立人认为行政行为损害法人合法权益的，可以自己的名义提起诉讼。第十八条：业主委员会对于行政机关作出的涉及业主共有利益的行政行为，可以自己的名义提起诉讼。业主委员会不起诉的，专有部分占建筑物总面积过半数或者占总户数过半数的业主可以提起诉讼。"

料厂所有的并一直使用的财产之间实际上具有利害关系。

观点二：公民、法人或者其他组织与行政行为不具有公法上利害关系的，通常不具有原告资格。

——刘某明诉张家港市人民政府行政复议案（（2017）最高法行申169号）

观点三：城乡规划部门建设项目选址意见书通常不直接设定公民、法人或者其他组织有关环境权益，公民、法人或者其他组织以环境权受侵犯为由，就城乡规划部门建设项目选址意见书提起行政诉讼的一般认为不具有法律上的利害关系。

——关某春等193人诉浙江省住房和城乡建设厅等行政复议案（（2017）最高法行申4361号）

观点四：公民、法人或者其他组织对撤村建居等行为不服的，可以以村民委员会、村集体经济组织的名义，或者以超过适当比例的村民共同的名义提起行政诉讼。

——阮某洪、俞某新等诉杭州市人民政府、杭州市余杭区人民政府行政批复案（（2017）最高法行申125号）

观点五：当事人所在社区、单位推荐的公民，应当是当事人所在社区的居民或者所在单位的工作人员。

——徐某纲诉南京市人民政府信息公开案（（2017）最高法行申4774号）

观点六：起诉人起诉请求确认市、县人民政府强制拆除房屋行为违法，但专题十八既未证明系房屋所有权人或者用益物权人，也未证明有具体屋内财产损失的，人民法院一般不予支持。

——汪某诉被申请人万年县人民政府房屋行政强制案（（2018）最高法行申3667号）

观点七：对于行政机关的举报处理行为，举报人原告资格的有无，取决于行政机关对举报事项作出处理所依据的行政法律规范是否赋予了举报人此种主观权利。

——杨某柱诉江苏省物价局物价行政检查行为违法及中华人民共和国国家发展和改革委员会行政复议案（（2018）最高法行申4816号）

观点八：一般租赁关系的承租人，不因国有土地上房屋征收产生装饰装修、停产停业等损失的，原则上不具备被征收人法律地位。

——高某庭诉海宁市人民政府城建行政征收案（（2017）最高法行申8664号）

2）理解与适用

行政诉讼原告资格的法律规则理解与适用，确实会遇到一些更为复杂的情况。以下是对这些复杂情况的进一步分析：

（1）多元原告与共同诉讼。在某些情况下，一个行政行为可能影响到多个公民、法人或其他组织的权益。这时，这些受影响的主体可以选择共同提起诉讼，形成多元原告的情况。对于这种情况，法院需要审查每个原告是否具有独立的原告资格，并判断他们之间的权益是否受到同一行政行为的共同影响。

（2）原告资格的转移与继承。在行政诉讼过程中，如果具有原告资格的公民死亡或法人、其他组织终止，其原告资格可能会发生转移或继承。这时，法院需要审查继承人或权利继受人是否具有继续诉讼的资格，并判断他们是否能够代表原告维护其合法权益。

（3）原告资格的限制与排除。虽然《行政诉讼法》规定了广泛的原告资格范围，但在某些特定情况下，法律可能会对原告资格进行限制或排除。例如，对于涉及国家秘密、商业秘密或个人隐私的行政行为，法律可能会规定只有特定主体才能提起诉讼。此外，如果原告提起诉讼明显缺乏事实根据或法律依据，或者滥用诉权、恶意诉讼等，法院也可以依法裁定不予受理或驳回起诉。

（4）原告资格与诉讼时效。行政诉讼中的原告资格还与诉讼时效密切相关。如果原告在法定诉讼时效期间内未提起诉讼，其原告资格可能会受到限制或丧失。因此，在审查原告资格时，法院还需要考虑诉讼时效的问题。

（5）原告资格与举证责任。在行政诉讼中，原告需要承担一定的举证责任来证明其具备原告资格以及行政行为的违法性。如果原告无法提供充分的证据来证明其主张，其诉讼请求可能会得不到支持。因此，在理解和适用原告资格的法律规则时，还需要考虑举证责任的问题。

（6）特殊类型的行政诉讼与原告资格。除了普通的行政诉讼外，还存在一些特殊类型的行政诉讼，如行政公益诉讼、行政协议诉讼等。这些特殊类型的行政诉讼对原告资格的要求可能有所不同。例如，在行政公益诉讼中，原告可能是与行政行为没有直接利害关系的公民、法人或其他组织，但他们可以基于公共利益的维护而提起诉讼。因此，在理解和适用原告资格的法律规则时，还需要考虑特殊类型的行政诉讼的要求。

（7）间接利害关系与原告资格。在某些情况下，行政行为可能不直接针对某个公民、法人或其他组织，却对其产生了实际影响。例如，一个环保组织可能因政府批准某个污染项目的行政行为而受到间接影响。在这种情况下，该环保组织是否具有原告资格可能成为一个复杂的问题。法院需要仔细分析行政行为的性质、影响范围以及原告所主张的权益受损情况，以确定其是否具有原告资格。

（8）行政行为的多阶段性与原告资格。有些行政行为可能涉及多个阶段或多个行政机关的决策。在这种情况下，确定哪个阶段的行政行为以及哪个行政机关的决策对原告产生了实际影响，并据此判断原告资格，可能变得相当复杂。法院需要审查整个行政行为的链条，明确各阶段行政行为的性质、目的以及它们之间的关联，以确定原告资格。

（9）原告资格的动态变化。在行政诉讼过程中，原告资格可能会随着案情的发展而发生变化。例如，原本具备原告资格的公民可能在诉讼过程中死亡，或者原本不具备原告资格的法人可能在诉讼过程中取得相关权益。在这种情况下，法院需要及时审查原告资格的变化情况，并根据新的情况作出相应的裁决。

（10）原告资格与行政行为的合法性审查。行政诉讼的核心是对行政行为的合法性进行审查。在确定原告资格时，法院需要考虑原告所主张的权益是否与被诉行政行为的合法性审查具有直接关联。如果原告所主张的权益与被诉行政行为的合法性审查无关，那么其可能不具备原告资格。因此，在理解和适用原告资格的法律规则时，需要将其与行政行为的合法性审查紧密结合起来。

（11）跨国行政诉讼的原告资格。在跨国行政诉讼中，涉及不同国家的法律制度和司法体系，原告资格的认定可能变得更加复杂。例如，在不同国家之间对行政行为的定义、性质以及原告资格的要求可能存在差异。在这种情况下，法院需要综合考虑相关国家的法律制度和国际法律原则，以确定原告是否具备跨国行政诉讼的原告资格。

（12）原告资格的滥用与规制。虽然法律赋予了公民、法人和其他组织提起行政诉讼的权利，但也存在滥用诉权的风险。一些当事人可能出于不正当目的或恶意提起诉讼，以拖延时间、干扰行政机关正常工作或获取不正当利益。在这种情况下，法院需要对原告资格进行严格审查，并采取必要的规制措施，以防止诉权的滥用。

综上所述，行政诉讼原告资格的法律规则理解与适用涉及多个方面和复杂情况。在实际操作中，需要综合考虑各种因素，以确保原告资格的准确认定及行政诉讼的公正、合法和有效进行。

3.3 实战经验

3.3.1 原告主体资格不适格识别判断

在一般情况下，行政行为相对人是一目了然的。典型情况如行政许可、行政处罚等，本来就是面向（载明）特定对象的行为，如果没有明确"许可谁""处罚谁"等意思表示情形，就属于欠缺行政行为成立要件的行为。学理界一般认为是"直接行政相对人"。直接行政相对人对行政行为提起诉讼，其原告主体资格比较好确认。但是，对于"间接行政相对人"的识别，实践中并不是一件容易事情。

1）对行政行为相对人识别判断

尽管在多数情况下，行政行为的对象相对容易辨识，但在某些特定类型的案件中，如投诉举报类行政案件，识别可能会变得复杂。这类案件通常包含两种不同性质的被诉行为：投诉举报答复行为和投诉举报处理行为。一方面，投诉举报答复行为，很多时候并不构成法律意义上的行政行为，因为它可能仅仅是一种事实性的回应，不具有法律约束力。在很多情况下，法律对投诉举报的公民并没有明确的权利义务调整，只是声明他们有举报投诉的权利。然而，如果法律对投诉举报答复行为有明确规定，如具体的行为准则、办理结果告知的法律意义及后续权利救济途径，那么行政机关的答复就不再是单纯的事实行为，而是具有法律效力的行政行为。在这种情况下，投诉举报答复行为的对象自然就是投诉举报人。另一方面，投诉举报处理行为的对象是被投诉举报的人。因此，当投诉举报人起诉这种行为时，他们实际上是以第三人的身份出现，其原告资格需要法院进行独立的审查。

简而言之，投诉举报类行政案件中的被诉行为有两种：一种是答复行为，一种是处理行为。前者在多数情况下不构成法律上的行政行为，但如果有法律明确规定，就可能成为具有法律效力的行政行为。后者的对象是被投诉举报的人，投诉举报人起诉时属于第三人，需要法院单独审查其原告资格。因此，在行政法实践中，确定行政行为的相对人并不总是简单明了，存在多种复杂情况，使得法院需要深入分析和判断。

（1）对于命令性行政行为，尽管行政行为在形式上可能只针对某一特定对象，但其实际目的可能是为了调整另一方的权利义务。例如，在一个房产处理决定中，尽管决定看似只针对房产公司，但其实际目的是告知公司如何处理某公民的房产，因此该公民应被视为行政行为的实质相对人。然而，这并不意味着该公民与行政行为之间不存在利害关系，因此法院在判决时需对此进行明确区分。

（2）在私法形成性行政行为中，行政机关的目的通常是处理民事法律关系。这些行为的形式相对人可能只是一个方面，而实质上可能涉及多方民事关系的调整。例如，在企业经济性裁员行政审批中，尽管审批行为形式上只针对申请裁员的企业，但其实际目的是处理企业与员工之间的民事关系。因此，被裁减员工不应被视为仅仅是第三人，而是应当被考虑在内。

（3）没有特定相对人的行政行为。这包括针对物的行政行为和普遍性行政行为。在"乔占祥诉铁道部票价上浮案"中，原告对火车票涨价通知提起行政诉讼，但确定这种行为的相对人并不直观。尽管通知针对的是火车票本身，但其目的是影响使用这些服务或资源的公民的权利义务。因此，这些公民可以被视为实质相对人。然而，由于这些公民可能无法被特定化，因此这种行为被称为"一般处分"。

综上所述，确定行政行为的相对人在某些情况下可能相当复杂。法院需要综合考虑行政行为的形式、目的以及受影响的权利义务关系，以作出准确的判断。

2）利害关系人识别判断

（1）既得权观念及特征

所谓"既得"，指的就是通过私法规范已经取得的权利在公法中也应该得到保护。尽管人身权和财产权在民法上被称为民事权利或私法权利，但是当公民在行政法上主张行政主体不得侵犯其相关权利的时候，这些权利就成了既得权，即已经被合法取得的权利。

既得权是指公民通过民法上的权利取得要件，如表意行为或某种事实所获得的权利，并且这种权利在公法中也应得到保护。它既非国家赋予，也不完全依赖于公法的确认，而是基于私法规范取得的。既得权的观念突破了公私法的划分，强调一旦权利在私法上被合法取得，公法就应当予以保护。这种观念导致行政法上主观权利与客观法的分离，因为行政法律主要关注行为规范、程序规范和组织规范，而较少涉及权利规范。随着近代法治中国理念的发展，既得权观念受到了一定的限制，特别是在行政权的行使上。现在，既得权观念已经被公权利乃至基本权利观念所取代。在行政法领域，行政行为的法律效力和法律效果主要在行政主体与相对人之间产生，通常不涉及第三人。尽管行政行为可能会对第三人产生事实上的影响，但这种影响与法律效果的影响是不同的。对于受行政行为间接影响的第三人，其法律地位可能较为复杂。此外，对于一些对物的私法形成性行为，如行政机关批准某人在他人土地上建房，物的权利人可能有多个，谁是直接影响人、谁是间接影响人的问题可能难以确定。在这种情况下，法院可能需要根据具体情况进行判断，并确定哪些人具有原告资格。关于公民可以向国家（公权力）主张通过民法上的权利取得要件（表意行为或某种事实）而获得的权利不受侵犯的看法是一种被称为"既得权"（合法获得的权利）的观念。

（2）利害关系的识别判断

法院在判断原告与被诉行政行为之间是否存在利害关系时，主要依据的是被诉行政行为所依据的行政实体法是否要求行政机关保护原告诉请保护的权益。如果行政实体法要求行政机关保护这些权益，那么原告与被诉行政行为之间存在利害关系；反之，则不存在。

这里所提到的"规范"特指行政实体法规范。只有当民法或习惯法上的权益在行政法律规范中得到保护时，这些权益才能成为行政法上的保护对象，进而形成行政法上的利害关系，使得当事人具备原告主体资格，并有权请求司法保护。如果相关权益未在行政法律规范中得到保护，那么这些权益应通过民事诉讼或其他适当的行政诉讼途径来维护。

在判断是否具有利害关系时，应从行政法体系整体出发进行考虑。当依据具体法条判断存在歧义时，可以参考整个行政实体法律规范体系、立法宗旨以及被诉行政行为的目的、内容和性质来作出判断。这样做的目的是承认并保护更多值得且需要法律保护的利益，从而确认当事人与行政行为之间的利害关系，并赋予其原告主体资格，以强化行政机关依法行政的监督。

行政诉讼的核心目的是救济原告自身的权利。行政诉讼的立法宗旨体现了权利保护和权力监督的有机结合。适格的原告提起诉讼，不仅有助于维护其合法权益，也促进了法治国家的建设。然而，尽管行政诉讼具有一定的公益性，但它不能被变相地转化为公益诉讼。现行《行政诉讼法》在确定原告主体资格时，主要遵循的是主观诉讼理念，即行政诉讼的首要目的是救济原告的权利。例如，在行政机关不依法处理投诉举报事项等行政不作为引发的诉讼中，因自身法律权益受侵害而投诉举报的当事人比因公共利益受损而投诉举报的当事人更容易获得原告主体资格的认可。

在个案中认定"利害关系"时，还需要考虑到司法体制、司法能力和司法资源的限制。尽管有时可以扩张解释法律上的利害关系或行政法上的权利义务关系，但这种扩张应当限制在法律解释方法能够覆盖的范围内，例如通过语义解释、体系解释、历史解释、立法意图解释和法理解释等方法。这样的限制有助于确保司法公正和效率，避免对司法资源造成不必要的压力。

3）实践中利害关系人的明确规定

（1）土地实际使用人对行政机关处分土地的行为不服可以提起行政诉讼。《最高人民法院关于土地实际使用人对行政机关出让土地的行为不服的作为原告提起诉讼问题的答复》（2005年6月3日，〔2005〕行他字第12号），具体内容详见本书第十二条的解读与适用部分。

（2）有权起诉婚姻登记行为的婚姻关系当事人死亡的，其近亲属可以提起行政诉讼。《最高人民法院行政审判庭关于婚姻登记行政案件原告资格及判决方式相关问题的答复》（2005年10月8日〔2005〕行他字第13号）："依据《中华人民共和国行政诉讼法》第二十四条第二款的规定，有权起诉婚姻登记行为的婚姻关系当事人死亡的，其近亲属可以提起行政诉讼。根据《中华人民共和国婚姻法》第八条规定，婚姻关系双方或一方当事人未亲自到婚姻登记机关进行婚姻登记，且不能证明婚姻登记系男女双方的真实意思表示，当事人对该婚姻登记不服提起诉讼的，人民法院应当依法予以注销。"

（3）股份制企业终止上市后，股东对退市决定是否享有行政诉权。《最高人民法院关于上海水仙电器股份有限公司股票终止上市后引发的诉讼应否受理等问题的复函》（2001年7月17日，〔2001〕民立他字第32号）："水仙公司作为上市公司，虽已被证监会终止上市，但其作为独立法人的资格并不因此受到影响，对债权人以水仙公司为被告提起的民事诉讼，符合《中华人民共和国民事诉讼法》第一百零八条规定的起诉条件，由人民法院受理为宜。""根据《中华人民共和国公司法》和《中华人民共和国证券法》的规定，证监会是依法具有行政职权的证券市场的监督管理者。证监会按照其法定职权针对特定的上市公司作出的退市决定，属于《中华人民共和国行政诉讼法》上规定的可诉的具体行政行为：股东对证监会作出的处理决定提出诉讼，人民法院应依法受理。""关于正在审理，执行的民事案件是否中止审理、执行的问题，法律已有明确规定，不属请示的范围，你院可根据案件的具体情况依法视情况而定。以上意见供参考。"

（4）房屋承租人能否对房屋征收决定或补偿决定提起行政诉讼。2011年1月21日实施的《国有土地上房屋征收与补偿条例》没有将承租人列为被征收人范围，即被征收人仅限于被征收房屋的所有权人。虽然行政法规没有规定承租人，但在很长一段时间内，公房承租人、私用承租人在房屋征收时的补偿问题仍然会客观存在，如果不妥当解决，也会对社会的和谐、稳定产生一定影响。

在上述背景下，我国有些地区专门赋予了公房承租人对征收决定或补偿决定一定影响的行政诉讼救济权利。如《上海市国有土地上房屋征收与补偿实施细则》（自 2011 年 10 月 19 日起公布施行）第二十二条（征收决定的复议和诉讼）规定被征收人、公有房屋承租人对区（县）人民政府作出的房屋征收决定书不服的，可以依法申请行政复议，也可以依法提起行政诉讼。第四十二条（补偿决定及复议和诉讼）第四款规定："被征收人、公有房屋承租人对补偿决定不服的，可以依法申请行政复议，也可以依法提起行政诉讼。"

4）特殊类型案件如何判断"与行政行为具有利害关系人"

实践中，针对《适用解释》第十二条第六款"其他与行政行为有利害关系的情形"，往往情况复杂多样，尤其特殊案件类型如何判断利害关系人则更加困难。

（1）以房屋拆迁案件为例，判断是否与拆迁行为有利害关系。

首先，当被拆迁人签署了拆迁补偿协议后，他们与随后的强拆行为之间仍存在法律上的利害关系。如果被拆迁人的房屋被违法强制拆除，并因此遭受损失，他们有权获得相应的赔偿。这种赔偿权益独立于合法征收行为产生的补偿利益。因此，即使被拆迁人已经签订了征收补偿协议，他们仍有权对可能的违法强制拆除行为提起行政诉讼，维护自己的合法权益。

其次，承租人与征收补偿行为之间的利害关系需要根据具体情况进行判断。如果承租人在租赁的房屋上进行了难以分割的添附，并且以该房屋为基地进行经营活动，那么在房屋被征收时，他们有权要求补偿室内装修、机器设备搬迁以及停产停业等损失。在这种情况下，承租人与征收补偿行为之间存在利害关系，可以作为原告提起诉讼。

最后，对于未办理产权登记的房屋实际所有权人，他们与房屋征收行为之间同样具有法律上的利害关系。如果房屋实际占有人与开发商签订了购房合同，并且没有证据表明被征收房屋的所有权不归实际占有人享有，那么即使该房屋未办理产权登记，房屋征收部门也应当认可实际占有人对房屋所拥有的合法权益和实际所有权人的地位。因为房屋征收行为直接影响到房屋实际占有人的权利义务，因此他们具备提起行政诉讼的原告主体资格。

以（2016）最高法行申172号行政裁定和（2017）最高法行申169号行政裁定为例，判定与行政行为没有利害关系。上述两个案例均涉及当事人对特定行政行为提起诉讼，并探讨其是否具有利害关系的问题。

在案例一中，当事人对环境影响评价报告的批复行为提起诉讼，主张其与环境权益具有利害关系。然而，法院认为，环境影响评价制度的核心是对建设项目可能造成的环境影响进行分析、预测和评估，而不是针对土地使用者的权益。尽管环境影响评价可能是建设项目立项、规划、征收土地的前提，但环境保护部门在作出批复时并不需要考虑土地使用者的权益。因此，土地使用者在本案中主张的环境影响评价批复侵犯其土地使用权益的诉求，并未得到法院的支持。

在案例二中，土地使用权人或房屋所有权人对发展改革部门作出的项目审批行为提起诉讼，认为其与自身权益具有利害关系。然而，法院指出，发展改革部门的项目审批行为主要是从宏观经济、资源利用、环境保护等角度进行判断，而非针对个别土地使用权人或房屋所有权人的权益。因此，在作出项目审批行为时，发展改革部门无需考虑项目用地范围内的征地拆迁、补偿安置等事宜，也无须审查单个土地、房屋等权利人的权益。因此，土地使用权人或房屋所有权人与项目审批行为不具有利害关系。

综上所述，两个案例均强调了行政行为与当事人权益之间的区分。只有当行政行为的直接目的或效果涉及当事人权益时，当事人才能主张与该行政行为具有利害关系。否则，即使行政行为与当事人的权益间存在间接关联，也不足以构成法律上的利害关系。

（2）以强制拆除案例，分析是否与强制拆除行为有利害关系。

案例一：原告的房屋位于某市×号。2000年，原告取得了案涉地块国有土地使用证及房屋所有权证，2017年又办理了统一不动产登记证书，享有合法所有权。原告曾于2011年将涉案房屋出租给第三人李某，第三人因生产经营需要对房屋进行改建和扩建。2017年，原告租赁合同到期，原告实际占用使用涉案房屋。2018年5月2日，被告区城市管理综合执法局针对第三人李某作出《责令限期拆除决定书》，称案涉房屋涉嫌违法建筑，要求原告自行拆除。2019年10月14日，被告又针对第三人作出《强制拆除决定书》，又称将强制拆除原告的房屋。原告认为，因涉案处罚对象错误，原告不服决定书，向被告区政府提起行政复议。区政府于2020年1月19日作出复议决定书，维持了被告区城市管理综合执法局作出的《强制拆除决定书》。原告不服复议决定，诉至法院，请求依法撤销被告区城市管理综合执法局作出的《强制拆除决定书》及被告区人民政府作出的《行政复议决定书》。经审查，本案中原告刘某不是所诉行政行为涉及《强制拆除决定书》的行政相对人；本案原告所诉被告区城市管理综合执法局作出的《强制拆除决定书》当事人为第三人李某，事实内容为李某在原有证房屋上加层未经许可，故要求对未经许可的违法建筑进行拆除。该案涉行政行为未涉及原告刘某私有产权部分，对其权利不产生实际影响，刘某亦不与案涉行政行为具有利害关系。故原告刘某不符合起诉条件，依据《中华人民共和国行政诉讼法》第四十九条，《最高人民法院关于适用〈中华人民共和国行政诉讼法〉的解释》第六十九条第（一）项、第（八）项之规定，裁定驳回原告刘某的起诉。

案例二：来某诉某区政府强制拆除房屋案，区政府先强制拆除来某的房屋，后虽与来某签订了产权调换协议书，但来某作为被拆除房屋的所有权人，其与确认签订产权调换协议书之前的强制拆除行为违法性之间有正当的利益，因此其与被诉强制拆除行为有利害关系，具有提起诉讼的原告主体资格。

首先，房屋实际使用人与强制拆除行为具有利害关系。房屋的实际使用人与强制拆除行为之间存在法律上的利害关系。当行政机关拆除房屋时，作为实际使用人的当事人对其室内物品和装修拥有所有权。如果行政机关未能证明在拆除过程中已清空室内物品并补偿了房屋装修损失，那么当事人与此次强拆行为就具有法律上的利害关系，从而具备作为适格原告提起诉讼的资格。即使在强制拆除行为发生后，征收的行政机关与被征收人签订了征收补偿协议或作出了征收补偿决定，被征收人在提起确认强制拆除行为违法的诉讼中，仍与该行为存在利害关系。

其次，在违法建筑上改建和扩建是否与强制拆除行为具有法律上利害关系。在违法建筑上进行改建和扩建的行为与强制拆除行为之间的法律利害关系，需要根据具体情况来判断。例如，在案例一中，尽管原告刘某是涉案房屋的所有权人，但第三人李某在未经批准的情况下对房屋进行了改建和扩建。行政机关作出的《强制拆除决定书》是针对李某的违法行为，并未涉及刘某的合法产权部分。因此，刘某与这一强制拆除行为之间不存在法律上的利害关系，其起诉被法院驳回。相反，在案例二中，来某作为被拆除房屋的所有权人，尽管之后与政府签订了产权调换协议书，但在此之前，其与强制拆除行为之间存在正当的利益关系，因此具有提起诉讼的原告主体资格。

综上所述，判断房屋实际使用人或所有权人与强制拆除行为之间的法律利害关系，需考虑其对房屋的所有权、使用权以及是否涉及违法改建扩建等因素。只有当行政行为直接侵犯了当事人的合法权益时，当事人才能被视为具有法律上的利害关系，从而具备提起诉讼的资格。

通过上述两个案例，对人民法院判定是否有利害关系标准进行如下判断：案例一的判断标准，原告虽有房屋所有权，但第三人承租后未经批准对原有房屋加层的行为违法，被行政机关依法责令拆除加层房屋的行为，并未侵犯原告的合法权益，其与行政强制拆除行为不具有利害关系，因此并不具备原告的主体资格，起诉被法院驳回。案例二的判断标准，原告因与被拆除房屋有利害关系，无论是拆迁补偿，还是产权调换，都与其利益相关，因此具备原告的主体资格。

（3）变更登记后房屋是否与对房屋登记前侵害房屋公共部分有利害关系。

案例：原告邹某、白某等诉某房产登记机关的撤销房屋登记案。原告邹某、白某等不服房产登记管理部门将居民共有的消防疏散楼梯面积登记在某酒店名下，认为疏散楼梯事关居民安危，登记在酒店名下居民不可使用，造成安全隐患，因此提起行政诉讼，请求撤销产权登记。根据案涉房屋所在楼宇的总平面图可知，案涉房屋所在的位置恰好是平面图上酒店大堂处。2018年4月16日，某市房地产档案馆在《关于请求确认中南路219号明城公寓一楼消防疏散通道和对外出入口位置的函的答复》中第一条明确指出：根据名城公寓楼原规划图纸，该一楼原有两处消防疏散出入口，南侧消防通道和北侧楼梯，消防疏散是通过酒店大堂作为出入口。依据《建筑工程建筑面积计算规范》的规定，商品房……可分摊的公共部分为本幢楼的大堂……消防通道等；《房屋登记办法》第三十一条规定：房地产开发企业申请房屋所有权初始登记时，应当对建筑区划内依法属于全体业主共有的公共场所、公用设施和物业服务用房等房屋一并申请登记，由房屋登记机构在房屋登记簿上予以记载，不颁发房屋权属证书；《中华人民共和国民法典》（以下简称《民法典》）第二百七十一条规定：业主对建筑物……专有部分以外的共有部分享有共有和共同管理的权利，律师提出大堂、消防通道等历来为建筑物业主共有部分，案涉房屋占据的恰恰是整栋楼大堂的位置，也是大楼的消防通道，一直都是业主的共有部分。《房屋登记办法》第十八条规定，房屋登记机构应当查验申请登记材料。而被告某房屋登记管理部门因未履行登记前的查验义务，错误地将属于整栋楼的大堂和消防通道这些建筑物共有部分登记在第三人有限公司某分行个人名下，而第三人一个非法占用公摊面积的行为，却通过被告某市自然资源局的登记行为，使其合法地享有了对该部分建筑物的所有权。

上述案例，被诉行政行为是否与原告邹某、白某等人之间存在法律利害关系。首先，基于相邻关系产生的权利，相邻权通常包括截水、排水、通行、通风、采光等。被告某市自然资源局将整栋楼的大堂登记在第三人有限公司某分行名下的行为，导致原告等业主没有出入口可供通行，违反了法律规定，侵犯了原告的相邻权。其次，被诉行政行为侵犯了原告对建筑物共有部分的共有权。消防通道是生命通道，任何单位、个人不得占用。被告某房屋登记部门因未履行登记前的查验义务，错误地将大楼的消防通道登记在第三人有限公司某分行名下，违反了《消防法》的规定，对包括原告在内的整个小区业主的生命财产安全构成威胁。最后，由于被诉行政行为侵犯了原告的相邻权、对建筑物共有部分的共有权以及消防安全等权利，因此与各原告存在法律上的利害关系。邹某、白某等人具备本案原告主体资格，是本案的适格原告。

3.3.2 原告主体资格不合格答辩思路

在行政诉讼答辩中，被告应仔细审查原告的身份信息，确认其是否具备提起行政诉讼的法定资格。例如，原告是否是行政行为的相对人，或者是否与行政行为具有法律上的利害关系。根据《行政诉讼法》及相关司法解释，分析原告是否满足提起行政诉讼的法定条件。例如，原告是否符合《行政诉讼法》中关于原告资格的规定。

1）答辩思路遵循步骤

在行政诉讼答辩中，如果被告认为原告主体资格不合格，其答辩思路可以遵循以下几个步骤：

（1）审查原告的身份和权益。被告需要仔细审查原告的身份和其所主张的权益。这包括核实原告的身份信息、与案件的直接关联程度以及其所主张的权益是否确实受到了行政行为的侵害。如果原告与案件没有直接关联或其权益未受到影响，那么其主体资格可能存在问题。

（2）分析行政行为的对象。被告需要分析行政行为的对象，确定是否直接涉及原告。如果行政行为是针对其他主体或事项，与原告无关，那么原告的主体资格可能不合格。此外，被告还需要审查行政行为的性质和内容，以判断其是否会对原告的权益产生实际影响。

（3）法律依据的阐述。在答辩过程中，被告需要引用相关法律规定来支持其观点。例如，可以引用《行政诉讼法》中关于原告资格的规定，如"与行政行为有利害关系的公民、法人或者其他组织有权提起诉讼"。被告需要阐述这些法律规定如何适用于本案，并说明原告为何不符合起诉条件。

（4）论证原告与行政行为无利害关系。被告需要充分论证原告与行政行为之间不存在法律上的利害关系。这可以通过分析行政行为的性质、目的、实施对象等因素来进行。如果被告能够证明原告与行政行为无关或其所受影响并非行政行为直接导致，那么原告的主体资格就可能不合格。

（5）提出反驳意见和证据。为了支持其答辩观点，被告需要提出具体的反驳意见和证据。这可以包括相关文件、记录、证人证言等。被告需要确保这些证据能够充分证明原告主体资格不合格的事实和理由。

（6）总结陈述。在答辩的最后部分，被告需要总结其陈述，强调原告主体资格不合格的观点和理由。被告可以重申其法律依据、论证过程和证据支持，以加强其答辩的可信度和说服力。

总之，在行政诉讼答辩中，被告针对原告主体资格不合格的答辩思路需要清晰、逻辑严密，并充分引用相关法律规定和证据来支持其观点。通过合理的论证和反驳，被告可以争取法院对其答辩观点的认可，从而维护行政行为的合法性和有效性。

2）注意原告在行政诉讼中举证义务

被告在行政诉讼中，不但审查原告的主体资格是否合格，而且需要注意原告应履行的义务。根据《最高人民法院关于执行〈中华人民共和国行政诉讼法〉若干问题的解释》第二十七条①，在答辩中同样需要对其举证义务承担提出答辩意见。

（1）原告资格的初步证明标准。在行政诉讼中，原告资格的认定是一个核心问题。根据《最高人民法院关于行政诉讼证据若干问题的规定》第四条，起诉人只需初步证明被诉行政行为可能侵害其合法权益，即具备原告资格。这意味着，起诉人无需证明行政行为已实际造成损害，只需表明存在侵权的可能性。

（2）原告资格的时效性。原告资格的确定应以起诉时为准。如果在起诉时，原告与被诉行政行为之间不存在利害关系，那么原告就不具备起诉资格，法院应裁定驳回起诉。

3.3.3 实战案例

以笔者代理的几则实际案例为例，笔者针对原告主体资格不适格的答辩思路如下：

---

① 《最高人民法院关于执行〈中华人民共和国行政诉讼法〉若干问题的解释》第二十七条："原告对下列事项承担举证责任：（一）证明起诉符合法定条件，但被告认为原告起诉超过起诉期限的除外；（二）在起诉被告不作为的案件中，证明其提出申请的事实；（三）在一并提起的行政赔偿诉讼中，证明因受被诉行为侵害而造成损失的事实；（四）其他应当由原告承担举证责任的事项。"

案例一：原告吴某系某市南关岭路 3-10 号房屋的所有权人。2012 年被告某市人民政府修建北站 1 号路东段，该道路从原告房屋前面穿过，占用了原告房屋所在小区的部分土地。原告房屋所在小区物权登记的土地使用权人为某房屋开发有限公司。吴某起诉市政府违法占地，请求补偿。针对吴某的起诉，代理人根据《最高人民法院关于审理建筑物区分所有权纠纷案件具体应用法律若干问题的解释》第三条第二款规定："建筑区划内的土地，依法由业主共同享有建设用地使用权，但属于业主专有的整栋建筑物的规划占地或者城镇公共道路、绿地占地除外。"的规定进行答辩，人民法院根据被告占用的土地由小区业主共同享有建设用地使用权，原告作为业主个人不具备提起诉讼的主体资格，驳回原告的起诉。

案例二：某公司基于其与某管委会特许经营协议，在某管委会与另外一家公司签订特许经营协议时，其以第三人身份撤销行政协议。某公司是否具有撤销行政协议的原告主体资格。被告管委会在接到诉状后这样答辩：就债权性质而言，债权属于相对权，债权人主张债权只能向债务人提出，而不能向第三方主张，这里的第三方也包括行政机关。在通常情况下，行政机关进行行政管理活动时，也不能因相对人债务情况的差异而作区别对待，相对人的负债情况不在行政机关的考虑范围之内。根据《最高人民法院关于适用〈中华人民共和国行政诉讼法〉的解释》第十三条的规定，债权人以行政机关对债务人所作的行政行为损害债权实现为由提起行政诉讼的，人民法院应当告知其就民事争议提起民事诉讼的规定，债权人原则上不具有行政诉讼原告资格。因此，被答辩人不具有原告主体资格。最终，人民法院支持律师这个观点。

案例三：原告张某与某市某区村民委员会签订承包协议一份，原告承包该村的 50 亩土地。2017 年 8 月 7 日，原告与案外人刘某、郑某、王某、艾某五人共同向被告处提交政府信息公开申请表，内容为"申请人位于某省某市某街道第二居民组织土地因 202 轻轨铁山车辆段项目被拆迁，为核实拆迁的合法性，特申请公开如下信息：202 轻轨建设项目施工许可证及申报材料。"2017 年 8 月 16 日，被告向原告等 5 人回复《政府信息公开告知书》，内容为"经查实，该工程并未在我局办理施工许可等手续。"2017年9月10日，原告以邮件形式向被告处邮寄查处申请书一份，被申请人为中铁一局，内容为请求依法对被申请人在申请人承包的土地上违法施工行为进行查处并予以处罚。被告于2017年9月11日签收了该邮件，至今未予答复。代理人接到起诉状后，在审查原告是否具有原告资格的问题，提出如下答辩意见：我国法律赋予了公民、法人和其他组织向有关行政机关举报违法行为的权利，但举报权转化为起诉权，则必须受到《行政诉讼法》关于原告主体资格规定的限制。根据《中华人民共和国行政诉讼法》第二十五条之规定，行政行为的相对人以及其他与行政行为有利害关系的公民、法人或者其他组织，有权提起诉讼。即起诉原告必须与行政行为存在法律上的利害关系，不能简单理解为所有直接或间接与行政行为有联系的当事人都是利害关系人。本案中，经核实，原告承包的位于某市某区铁山街道中牙户嘴村的50亩土地已被收回。本案原告作为公民有权向相关行政机关请求对土地上的违法行为进行查处，但原告作为原土地承包人无权对行政机关的处理决定或不作为行为提起诉讼，行政机关答复与否、立案查处与否和原告不形成行政法上的利害关系，原告不具有提起诉讼的主体资格。

案例四：原告张某明诉被告某市公安局分局、某市人民政府、原审第三人林某一案。2021年1月17日下午，因邻里之间矛盾，林某将对门张某家的摄像头损坏，并在楼道和38号楼微信业主群辱骂张某。该微信业主群成员200人以上。2021年1月17日16时31分，某派出所接到110指挥中心指令：报警人张某称自家门前监控被邻居损坏。2021年1月17日至18日，某派出所对张某明、林某进行讯问，并制作讯问笔录，并以故意损坏财物为由立案。后分局对林某涉嫌故意毁坏财物一案进行处罚前告知，告知拟处罚的事实、理由和依据，并询问林某是否提出陈述和申辩。林某没有提出陈述和申辩。经某市区价格认定中心认定林某损毁的摄像头价值192元。当日分局作出行政处罚决定，根据《治安管理处罚法》第四十九条之规定，决定给予林某拘留五日的行政处罚，并予以执行。2021年6月23日，市分局因在执法监督过程中发现案件办理程序上确有错误，根据《公安机关内部执法监督工作规定》第十三条规定，决定撤销对林某的公安行政处罚决定。原告张某明对撤销林某的决定不服，提起诉讼。代理人根据经某市区价格认定中心认定林某损毁的摄像头价值 192 元的事实，张某明亦没提交证据证明该项损害由林某造成的事实，疑似的事实不能作为证据使用进行答辩。人民法院支持了原告的观点。

综上所述，针对原告主体不合格的答辩，被告应准确识别原告主体资格缺陷，明确阐述答辩观点与法律依据，提供充分的证据支持，注意答辩的时机与方式，并总结经验教训以提升答辩能力。

4 不属于人民法院受案范围答辩

　　《行政诉讼法》中的"行政行为"是一个广泛的概念，涵盖了行政机关在履行其管理职能时所采取的各种行动和决策，不论是作为还是不作为，包括抽象和具体的行政行为、内部和外部的行政行为、合法和违法的行政行为、单方和双方的行政行为（如行政协议），以及法律行为和事实行为等。所有这些行政行为，除非法律或司法解释明确规定不属于行政诉讼的受案范围，否则都属于行政诉讼的审查对象。此外，《行政诉讼法》在保护公民、法人和其他组织的权益方面，已经不再局限于传统的"人身权、财产权"，而是扩展到了更广泛的"合法权益"，如受教育权、劳动权、休息权、获得国家救助的权利、社会保障权以及从事科学研究和文学艺术创作的自由等。这意味着，如果公民、法人或其他组织认为行政机关的行政行为侵犯了这些法定权利，他们都有权向人民法院提起行政诉讼。然而，行政机关在行政管理过程中，必然产生大量的行政行为或者其他行为，这些行政行为或者其他行为，不可能也没有必要全部诉诸人民法院来解决，这就产生了人民法院受理行政案件的范围问题。是否属于人民法院受案范围，对于行政机关的答辩提出挑战。

4.1 人民法院受案范围的界定及法理基础

4.1.1 行政诉讼受案范围的界定

行政诉讼受案范围，又称为行政诉讼范围或者行政诉讼主管范围，是指人民法院受理行政诉讼案件的范围，主要是解决人民法院对行政机关的哪些行为拥有司法审查权力。它规定着司法机关对行政机关行政行为的监督范围，规定着司法机关与行政机关之间处理行政争议的分工和权限，规定着受到行政行为影响的公民、法人和其他组织诉权的范围，也规定着行政终局裁决权的范围。因此，行政诉讼范围是行政诉讼立法中的一个重大问题。一些国家的行政法学者把行政诉讼分为审查范围和审查程序两个部分，足见行政诉讼受案范围在《行政诉讼法》中的地位。

4.1.2 行政诉讼受案范围的法理基础

人民法院受案范围的法理基础主要源于法治原则、司法权属性以及人权保障原则。

1）法治原则

现代国家治理的基本原则，它要求所有社会行为都必须在法律框架内进行，包括政府的行政行为和司法行为。人民法院作为国家的司法机关，其受案范围必须符合法律规定，以确保法律的统一适用和公正实施。因此，人民法院受案范围的确定必须以法律为依据，体现法治原则的要求。

2）司法权属性

司法权是国家的公权力之一，具有独立性、终局性等特点。人民法院作为行使司法权的机关，其受案范围应当与其职能定位相适应，既要确保司法权的有效行使，又要防止司法权的滥用和扩张。因此，人民法院受案范围的确定应当充分考虑司法权的属性，确保司法权在法定范围内行使。

3）人权保障原则

人民法院作为维护社会公平正义的最后一道防线，其受案范围应当涵盖涉及公民基本权利的案件，以确保公民的权利得到及时有效的救济。因此，人民法院受案范围的确定应当体现人权保障的要求，确保公民的基本权利不受侵犯。

在具体的法律实践中，这些法理基础为人民法院确定受案范围提供了指导和依据。同时，随着社会的不断发展和法治建设的不断推进，人民法院受案范围也会不断调整和完善，以更好地适应社会的需求和法治的要求。

4.2 不属于人民法院受案范围案件实务解析与研究

行政诉讼是指公民、法人或其他组织认为行政行为侵犯其合法权益，依法向人民法院提起诉讼，由人民法院对行政行为进行合法性审查并作出裁判的活动。然而，并非所有的行政争议都可以纳入人民法院的受案范围。

4.2.1 实务解析

1）不属于人民法院受案范围的行政诉讼案件类型

（1）国家行为。涉及国防、外交等重大国家利益的行政行为，由于其高度的政治性和敏感性，被排除在行政诉讼之外。例如，国家宣战、签订国际条约等行为，均不属于司法审查的范畴。

（2）抽象行政行为。它包括行政法规、规章或者行政机关制定、发布的具有普遍约束力的决定、命令等，这些行为针对不特定对象，具有普遍约束力，不属于具体行政行为，因此不属于人民法院的受案范围。

（3）内部行政行为。如行政机关对行政机关工作人员的奖惩、任免等决定，这些行为属于行政机关内部管理行为，不涉及外部相对人的权利义务，因此不属于人民法院的受案范围。

（4）法律规定由行政机关最终裁决的具体行政行为。某些法律规定了行政机关对某些具体行政行为具有最终裁决权，这些行为不属于人民法院的受案范围。

2）不属于人民法院受案范围识别判断

在实务中，准确判断某一案件是否属于行政诉讼的受案范围往往存在困难。一方面，法律规定可能存在模糊或歧义；另一方面，案件本身可能涉及多个领域或具有复杂性质，使得判断变得更为棘手。

（1）准确识别案件类型。在处理行政诉讼案件时，首先要准确识别案件类型，判断其是否属于人民法院的受案范围。对于不属于受案范围的案件，应当依法裁定不予受理或驳回起诉。

（2）充分审查相关证据和材料。在审查案件时，要充分审查相关证据和材料，确保对案件类型的认定准确、合法。对于涉及国家行为、抽象行政行为等类型的案件，要特别注意审查其性质和内容。

（3）注重程序正义与当事人权益保障。在处理不属于人民法院受案范围的案件时，要注重程序正义，保障当事人的合法权益。对于确实不属于受案范围的案件，要向当事人说明理由，并告知其他救济途径。

4.2.2　实务研究

随着公民权利意识的增强以及行政权力的不断扩大，行政诉讼在捍卫公民、法人及其他组织权益方面的作用日益凸显。然而，不同国家和地区在司法审查行政行为的范围与程序上存在差异。因此，在处理具体案件时，必须依据相应的法律法规和司法解释，来确定其是否属于行政诉讼的管辖范畴，并熟知具体的司法审查步骤和标准。

1）裁判规则梳理

（1）法律规定

《行政诉讼法》第十二条①详细列举了人民法院应当受理的公民、

---

① 《中华人民共和国行政诉讼法》："第十二条：人民法院受理公民、法人或者其他组织提起的下列诉讼：（一）对行政拘留、暂扣或者吊销许可证和执照、责令停产停业、没收违法所得、没收非法财物、罚款、警告等行政处罚不服的；（二）对限制人身自由或者对财产的查封、扣押、冻结等行政强制措施和行政强制执行不服的；（三）申请行政许可，行政机关拒绝或者在法定期限内不予答复，或者对行政机关作出的有关行政许可的其他决定不服的；（四）对行政机关作出的关于确认土地、矿藏、水流、森林、山岭、草原、荒地、滩涂、海域等自然资源的所有权或者使用权的决定不服的；（五）对征收、征用决定及其补偿决定不服的；（六）申请行政机关履行保护人身权、财产权等合法权益的法定职责，行政机关拒绝履行或者不予答复的；（七）认为行政机关侵犯其经营自主权或者农村土地承包经营权、农村土地经营权的；（八）认为行政机关滥用行政权力排除或者限制竞争的；（九）认为行政机关违法集资、摊派费用或者违法要求履行其他义务的；（十）认为行政机关没有依法支付抚恤金、最低生活保障待遇或者社会保险待遇的；（十一）认为行政机关不依法履行、未按照约定履行或者违法变更、解除政府特许经营协议、土地房屋征收补偿协议等协议的；（十二）认为行政机关侵犯其他人身权、财产权等合法权益的前款规定外，人民法院受理法律、法规规定可以提起诉讼的其他行政案件。"

法人或其他组织提起的行政诉讼情形。这些情形涵盖了从行政处罚到行政强制措施，从行政许可到自然资源的所有权或使用权决定，再到征收、征用及其补偿决定等多个方面。此外，还包括行政机关不履行法定职责、侵犯经营自主权、滥用行政权力排除或限制竞争、违法要求履行义务、不依法支付抚恤金等情形。该条款的最后一部分指出，除了上述明确列举的情形外，人民法院还受理法律法规规定可以提起诉讼的其他行政案件。这一规定确保了行政诉讼的广泛性和包容性，使得那些虽未明确列举但属于行政诉讼范围内的案件也能得到受理。这样的规定有助于保障公民、法人和其他组织的合法权益，确保行政机关的行政行为受到合法、公正的监督。

（2）现行司法解释

司法解释明确了不属于人民法院行政诉讼的受案范围与排除情形。一是受案范围。当公民、法人或其他组织对行政机关及其工作人员的行政行为持有异议并依法提起诉讼时，这通常属于人民法院行政诉讼的受案范围。这意味着，当行政行为侵犯了个人或组织的合法权益时，他们有权通过司法途径寻求救济。二是不属于受案范围的行为。尽管大部分行政行为可能受到司法审查，但以下行为不在人民法院行政诉讼的受案范围内：①公安、国家安全等机关的特定行为：这些机关在刑事诉讼法明确授权下实施的行为不受行政诉讼审查。②调解与仲裁行为：法律规定的调解和仲裁行为不在受案范围内。③行政指导行为：这类行为通常不具有强制性，因此不属于可诉范围。④重复处理行为：行政机关对行政行为的申诉所作的驳回或其他重复处理行为。⑤内部行为：行政机关作出的不产生外部法律效力的行为，例如上级行政机关对下级行政机关的内部监督行为。⑥准备性、过程性行为：行政机关为作出最终行政行为而进行的准备、论证、研究等过程性行为。⑦执行行为：基于人民法院生效裁判或协助执行通知书作出的执行行为，除非行政机关扩大执行范围或采取违法方式。⑧信访处理行为：行政机关针对信访事项作出的登记、受理、交办等行为。⑨不产生实际影响的行为：对公民、法人或其他组织的权利义务不产生实际影响的行为。三是对国家行为和其他特定情形的解释。《行政诉讼法》中关于"国家行为""具有普遍约束力的决定、命令"等术语的解释，进一步明确了这些行为的性质和特点，确保行政诉讼的受案范围得到准确界定。这些解释有助于司法实践中的操作，并保障公民、法人和其他组织的合法权益得到适当保护。

（3）裁判观点

①最高人民法院第三巡回法庭核心观点如下：

观点一：人民政府不履行层级监督职责的行为，一般不属于行政诉讼受案范围。

——石某等诉江苏省人民政府不履行法定职责及行政复议案（（2017）最高法行申143号）

观点二：行政机关基于上下级监督关系而形成的内部监督管理行为，一般不属于行政诉讼受案范围。

——邵某华诉浙江省杭州市西湖区人民政府不履行法定职责案（（2017）最高法行申1129号）

观点三：行政机关根据法院执行裁定作出的、未设定相对人新的权利义务的告知行为，不属于行政诉讼受案范围。

——蔡某凤诉上海市黄浦区人民政府执行通知及强拆行为案（（2017）最高法行申190号）

观点四：征收补偿安置协议签订并实际履行后发生的拆除行为不属于行政强制行为。

——周某有诉江苏省如皋市人民政府如城街道办事处房屋行政强制案（（2018）最高法行申2708号）

观点五：历史遗留的落实政策性质的房地产纠纷，不属于人民法院主管工作的范围。

——唐某鑫诉江苏省南京市鼓楼区人民政府行政赔偿案（（2017）最高法行申5号）

观点六：有关解决历史遗留的要求支付社会保险待遇诉求，依法不属于行政受案范围。

——王某鸣等14人诉徐州市人民政府、徐州市信访局劳动和社会保障行政管理行政行为案（（2017）最高法行申4776号）

观点七：行政相对人针对信访答复意见提起的不履行职责等诉讼请

求，不属于行政诉讼受案范围。

——翁某华诉江苏省东台市人民政府行政管理案（（2017）最高法行申682号）

观点八：行政机关为作出行政行为而实施的准备、论证、研究、层报、咨询等过程性行为，一般不属于行政复议受理范围和行政诉讼受案范围。

——沈某华诉江苏省公安厅行政撤销及履行法定职责案（（2017）最高法行申4409号）

观点九：行政机关自主或者依其他机关请求，就其职权范围内特定事项作出的具有独立意思表示的行政确认行为，属于可诉的行政行为；但是行政机关的行为仅系对已存在文件的摘录或事实行为的客观描述，未设定行政相对人新的权利义务的除外。

——黄某星诉江苏省财政厅不予履行法定职责案（（2017）最高法行终28号）

观点十：行政机关签订的招商引资协议，可以认为属于行政协议。

——香港斯托尔实业（集团）有限公司诉泰州市海陵区人民政府等招商引资协议案（（2017）最高法行再99号）

观点十一：行政机关根据"裁执分离"原则依据经生效裁决认可其合法性的行政决定所实施的执行行为属于行政强制执行。

——林某洪诉福建省莆田市荔城区人民政府行政强制案（（2018）最高法行申2940号）

观点十二：当事人在一个案件中同时对多个行政行为提出诉讼属于诉讼请求不明确。

——於某坤诉浙江省海宁市人民政府及海宁市人民政府海洲街道办事处征拆行为案（（2018）最高法行申352号）

观点十三：土地储备中心在2011年1月21日之前作为拆迁人直接实施的强制拆除行为一般不纳入行政诉讼受案范围。

——葛某林诉江苏省盐城市人民政府房屋拆除行政强制及行政赔偿案（（2018）最高法行申3058号）

②最高人民法院第四巡回法庭的裁判观点如下：

观点一：信访制度与行政复议和行政诉讼制度相互独立、相互分离。

——杨中国诉枣阳市人民政府不予受理行政复议决定并请求行政赔偿一案

信访制度是与行政复议和行政诉讼制度相互独立、相互分离的权利救济制度。对于能够通过诉讼、仲裁、行政复议等法定途径解决的事项，信访途径是排斥的；基于同样理由，对于信访工作机构处理信访事项的行为、不履行《信访条例》规定的职责的行为，或者行政机关依据《信访条例》作出的处理意见、复查意见、复核意见和不再受理决定，行政复议和诉讼途径亦是排斥的。《信访条例》对不服信访答复意见提供了复查、复核等充足的救济途径，信访人穷尽救济途径或者自己放弃救济，信访事项即告终结。

观点二：多阶段行政行为与共同诉讼。

——颍上县恒运矸石厂、安徽省颍上县凯事建材有限责任公司、颍上县古城镇金伟洗煤厂、绳海涛诉颍上县人民政府行政决定及行政强制一案

首先，修改后的《中华人民共和国行政诉讼法》将"具体行政行为"的概念修改为"行政行为"，目的是引入行政不作为、事实行为以及以行政协议为标志的双方行政行为，使《行政诉讼法》的适用范围具有更大的包容性。但除此之外，通常意义上的行政行为，仍需具有单方性、个别性和法效性等特征。单方性强调的是，法律效果系基于行政机关单方意思表示。个别性强调的是，行为的对象必须是特定之人和具体事件。法效性强调的则是，行为直接对外发生法律效果。所谓直接，是指法律效果必须直接对相对人发生，亦即行政行为一旦做成，即导致法律关系的发生、变更、消灭。所谓对外，是指行政行为对于行政主体之外的人发生法律效果，行政机关之间或行政机关内部的意见交换等行政内部行为因欠缺对外性而不具有可诉性。其次，所谓多阶段行政行为，是指行政机关作出行政行为，须有其他行政机关批准、附和、参与始能完成之情形。各行政机关之间，既可能是平行关系，也可能是垂直关系。后者一般下级机关的行政行为须经上级机关批准才能对外生效，或

者上级机关指示其下级机关对外作出发生法律效果的行政行为。在存在复数行政行为的情况下，只有直接对外发生法律效果的那个行为才是可诉的行政行为，其他阶段的行政行为只是行政机关的内部程序。最后，将当事人一方或双方为复数的诉讼进行合并审理，在诉讼法上称为共同诉讼。法律设置共同诉讼的目的在于节省法院与当事人的时间与劳动，而且也可以避免出现不同法院作出的裁判相互抵触的情形。按照《中华人民共和国行政诉讼法》第二十七条的规定，共同诉讼分为两种类型：一是"因同一行政行为发生的行政案件"；二是"因同类行政行为发生的行政案件、人民法院认为可以合并审理并经当事人同意的"。其中后一种共同诉讼的具体情形，既包括复数当事人分别起诉，人民法院建议合并审理，也包括复数当事人合并提起共同诉讼，人民法院经审查予以认可。在通常情况下，复数当事人无论是针对同一行政行为提起诉讼，还是针对同类行政行为提起诉讼，只要具备以下程序上的要件，人民法院就应当准许合并审理：第一，各诉讼的诉讼标的可以适用同一程序；第二，受诉法院对各诉讼标的具有管辖权；第三，没有其他专属管辖的规定，且没有禁止合并审理的规定。

观点三：具体处理行为的识别标准。

——黄绍花诉辉县市人民政府提高抚恤金标准一案

首先，可诉行政行为的一个重要标志，就是针对具体事件，并且指向特定个人。但是，个别与一般的区别不能仅根据数量确认，如果具体的处理行为针对的不是一个人，而是特定的或者可以确定的人群时，个别性仍然成立。其次，法院是解决法律问题的，不宜解决政策问题。对行政机关采取的存在较大裁量余地、具有较多政策因素的处理行为，因其缺乏可以直接适用或参照的法定标准，人民法院很难进行司法审查。

观点四：地方人民政府的组织实施行为是否可诉。

——王小五诉郑州市金水区人民政府行政行为违法一案

首先，按照职权法定原则，地方人民政府和所属工作部门都会被法律、法规授予对特定事项的管辖权，无论是地方人民政府还是工作部门，都应当基于法律、法规的授权并在权限范围内行使权力。地方人民政府虽然"领导所属各工作部门和下级人民政府的工作"，但领导不是替代。地方人民政府可以就一些重点工作组织有关工作部门或下级人民政府实施，在有些情况下，也可以通过发出指示，对所属工作部门和下级人民政府施加影响，但具体的实施还应当由各工作部门或下级人民政府根据其法定管辖权以自己的名义分别落实。其次，究竟地方人民政府的组织实施行为可诉，还是所属工作部门或下级人民政府的具体实施行为可诉，要看哪一个行为是"产生外部法律效力的行为"。因为一个可诉的行政行为，必须具有"对外性"和"法效性"，即该行为必须是直接对外发生法律效果。当存在直接对外发生法律效果的具体实施行为的情况下，坚持起诉属于内部指示范畴的"组织实施"行为，不符合法定的起诉条件。

观点五：给付之诉与给付请求权。

——杜三友、李立有、胡高荣、史海斌、成引龙等804人诉山西省临汾市人民政府不履行给付待遇一案

首先，依法支付抚恤金、最低生活保障待遇或者社会保险待遇，是行政机关重要的给付义务，但绝不仅仅是给付义务的全部内容。只要公民、法人或者其他组织具有给付请求权，就可以依法向人民法院提起给付之诉。而这种给付请求权，既有可能来自法律、法规、规章的规定，来自一个行政决定或者一个行政协议的约定，也有可能来自行政机关作出的各种形式的承诺。仅当从任何角度看，给付请求权都显然而明确地不存在，或者不可能属于原告的主观权利时，才可以否定其诉权。其次，提起给付之诉也需要具备一定的起诉条件。例如，如果一般给付之诉涉及金钱给付内容，请求金钱给付的金额须已获确定；如果须由行政机关事先作出一个行政决定核定给付内容，则应经由提起一个履行法定职责之诉实现其权利要求。提起给付之诉也应遵守期限规定，如果期限届满同样也会丧失诉权。

观点六：针对"告知送达"等程序行为不能单独起诉。

——李小征诉河南省人民政府未依法送达《行政复议决定书》违法一案

首先，行政行为做成后的"告知送达"，是一种重要的行政程序。一方面，是为了使当事人知悉行政行为的内容；另一方面，亦为行政行

为的生效要件，书面的行政行为自送达相对人及已知的利害关系人时才对其发生效力。未予告知送达的行政行为属于无效的行政行为，但是，针对不予告知送达这类程序行为本身，却不能单独提起诉讼。这是因为，法律尚无针对程序行为设置单独的法律保护，针对程序行为的法律救济手段，只能在针对最终的实体决定提起诉讼时同时采用，除非这个程序行为再也不能纳入实体决定的整体之中一并得到解决。其次，行政诉讼的起诉条件具有多样性，在一个案件中，既有可能仅仅违反其中的一种，也有可能同时违反多种，并不必然是一种非此即彼的关系。二审法院既可以以自己的正确认定代替一审法院不正确的认定，也可以在认可一审法院认定的基础上补充认定违反起诉条件的情形。只要一审的裁判结果并无不当，即可在补充完善理由之后予以维持。

观点七：程序行为不能单独诉请撤销。

——陈银花诉黄冈市人民政府公告行为一案

首先，撤销之诉是行政诉讼最为经典的诉讼种类，它以通过撤销为原告设定负担的行政行为的方式来形成权利。这就要求，请求撤销的行为必须是一个为原告设定负担、具有法律约束力、旨在设定一种法律后果的个别调整。一个公开而个别的通知，目的只是通知行政行为的相对人参加行政程序，并不具有任何旨在创设、变更、解除或具有约束力的确认某种权利义务的内容。因此，不能成为撤销之诉的对象。其次，对于程序行为，并不能单独诉请撤销，而只能以程序违法为由诉请撤销此后作出的实体决定。这是为了防止单独诉请撤销程序行为而拖延行政程序的进行，同时也符合法律保护利益的观点，即程序违法只有在影响实体决定的情况下才予以救济。此外，也是为了防止出现针对程序行为和针对实体决定同时进行诉讼的危险。但在有些情况下，一个单纯的程序行为也会有对公民、法人或者其他组织合法权益构成侵犯的可能，在特定案件中也不能绝对排除程序行为的可诉性。

观点八：行政机关的协助执行行为。

——皖东三宝有限公司诉明光市人民政府房产行政登记一案

首先，行政机关根据人民法院的生效裁判、协助执行通知书作出的执行行为不属于人民法院行政诉讼的受案范围。这是因为：第一，行政机关根据人民法院的生效裁判、协助执行通知书作出的执行行为，属于履行法律规定的协助义务，不是行政机关的自主行政行为。第二，行政机关作出的协助执行行为在性质上属于人民法院司法行为的延伸和实现，当事人要求对行政机关协助执行人民法院生效裁判的行为进行合法性审查，事实上就是要求人民法院对已被生效裁判羁束的争议进行审查，因而不能得到准许。如果当事人认为行政机关的协助执行行为侵犯其合法权益，应当针对人民法院生效裁判通过审判监督程序寻求救济。其次，"行政机关扩大执行范围或者采取违法方式实施的除外"。在这种情况下，行政机关的执行行为属于行政诉讼受案范围，是因为行政机关的此种行为已经失去了人民法院裁判文书的依托，超出了人民法院协助执行通知书的范围和本意，在性质上不再属于实施司法协助的执行行为，应当受到司法审查并独立承担法律责任。

观点九：履行法定职责之诉的要义。

——李清林诉安阳市人民政府不履行监督职责一案

首先，请求履行法定职责之诉，有时也称为"请求应为行政处分之诉"，概念本身就比较清楚地阐明了这类诉讼的要义。"请求履行法定职责"，是指请求行政机关履行的，必须是法律、法规、规章等明确赋予行政机关对外行使的行政管理职责。"请求应为行政处分"则是强调，请求行政机关作出的，只能是具有外部效力的调整。那些仅限于行政内部领域的措施，如请求上级行政机关对下级行政机关作出一个命令、对下级行政机关实施监管监督，因其不具有对外性不直接设定新的权利义务，通常不能在请求履行法定职责之诉中提出。其次，虽然同级人民政府具有监督其所属工作部门的职责，但这种职责系基于上下级行政机关之间的层级监督关系，属于行政机关的内部监督管理范畴。上级行政机关对下级行政机关监督职责的履行与否，一般并不直接设定当事人新的权利义务。从司法权与行政权的关系出发，人民法院也不宜过多地介入行政机关的内部关系当中。此外，从诉讼的利益考虑，当事人如果认为下级行政机关的行政行为侵犯其合法权益，可以通过直接针对下级行政机关提起行政诉讼的方式寻求救济，在有更为便捷直接的救济方式的情况下，较为"迂回"和"间接"的方式就不能被容许。最后，"继续确认之诉"是被《行政诉讼法》第七十四条第二款第三项①所明确规定的，该项规定的具体内容是，"被告不履行或者拖延履行法定职责，判决履行没有意义的""人民法院判决确认违法"。由此可知，确认不履行或者拖延履行法定职责违法，只是请求履行法定职责之诉的一个亚类或者补充，其含义是指，本来应当判决责令行政机关履行法定职责，只是因为"判决履行没有意义"，才将履行判决的方式转为确认违法判决。正是由于继续确认之诉与请求履行法定职责之诉涉及的是相同的标的，所以存在相同的评判基础。如果请求行政机关履行的不是一个具有外部效力的调整，既不能责令行政机关履行，也无从确认行政机关拒绝履行这个请求违法。

观点十：一般给付之诉与行政首次判断权。

——太湖县海乐烟花制造有限公司诉安庆市人民政府、太湖县人民政府行政决定及补偿一案

首先，所谓行政行为，是指行政机关针对具体事件单方面作出的、具有外部效果的、行政法上的处理行为。所谓具有外部效果，是指行政行为属于外部法律领域，它仅仅是设定公民、法人或者其他组织等外部相对人权利义务的处理行为。一方面，这种处理应当具有法律性，不仅应当对外产生事实上的效果，而且应当对外产生法律上的效果；另一方面，这种处理应当具有外部性，内部业务指令、多阶段行政行为等因其属于内部行政领域，而被排除行政行为的范畴。对于这种内部行政行为，即使是在法定起诉期限之内起诉，也因不具有可诉性而应当驳回。其次，当事人可以请求判决行政机关予以赔偿或者补偿。但提起请求金钱补偿的一般给付之诉，必须是请求金额或者补偿标准已获明确，如果行政机关在作出实际给付之前尚有优先判断或者裁量余地，则不能直接起诉，而是应与行政机关先行协商解决。作出这种要求，系基于行政首次判断权原则，即对于行政机关职权范围内未予判断处理的事项，应待行政机关先行处理后，法院再对其是否合法以及明显不当进行审查。如

---

① 《中华人民共和国行政诉讼法》第七十四条第二款第三项："行政行为有下列情形之一的，人民法院判决确认违法，但不撤销行政行为：（一）行政行为依法应当撤销，但撤销会给国家利益、社会公共利益造成重大损害的；（二）行政行为程序轻微违法，但对原告权利不产生实际影响的。行政行为有下列情形之一，不需要撤销或者判决履行的，人民法院判决确认违法：（三）被告不履行或者拖延履行法定职责，判决履行没有意义的。"

果司法机关过早介入，就会有代替或者干预行政权行使的嫌疑。

观点十一：上级行政机关对下级行政机关作出的内部审批行为不对外发生法律效力。

——冀长清诉郑州市金水区人民政府行政批复一案

上级行政机关对下级行政机关作出的内部审批行为，对外并不发生法律效力，该批复虽然通过其他途径为再审申请人所知悉，但并未改变其系内部行政行为性质。

观点十二：作出征收决定的前置阶段性行为不属于最终的行政决定，不直接对被征收人的权利义务产生影响。

——沙玉芝诉萧县人民政府房屋征收补偿方案一案

房屋征收系由多个过程性行为组成的行政行为，制定征收补偿方案、确定被征房屋价值评估时点等，均是市、县级政府作出征收决定的前置阶段性行为，不属于最终的行政决定，不直接对被征收人的权利义务产生影响。实际对被征收人权利义务产生影响的主要是房屋征收决定及补偿决定。如被征收人对房屋征收决定或者补偿决定不服，可依法申请复议或提起诉讼。复议机关或人民法院在审查房屋征收决定或补偿决定合法性的同时，一并对房屋征收中的相关过程性行为进行审查。

观点十三：将房屋所在小区认定为棚户区的行为，没有对行政相对人的权利产生实质性影响或造成实际的损害。

——陈中杰等诉郑州市人民政府行政行为一案

被诉的行政行为必须对行政相对人的权利义务产生实际影响。郑州市人民政府将行政相对人房屋所在小区认定为棚户区的行为，没有对行政相对人的权利产生实质性影响或造成实际的损害。

观点十四：层级监督的可诉性。

——余成诉湖北省人民政府不履行医疗行政监管、处罚职责一案

请求行政机关履行的，必须是法律、法规、规章等明确赋予行政机关对外行使的行政管理职责。那些仅限于行政内部领域的措施，例如请求上级行政机关对下级行政机关作出一个命令、对下级行政机关实施监管监督，因其不具有对外性、不直接设定新的权利义务，通常不能在请求履行法定职责之诉中提出。从司法权与行政权的关系出发，人民法院

也不宜过多地介入行政机关的内部关系当中。此外，从诉讼的利益考虑，当事人如果认为下级行政机关的行政行为侵犯其合法权益，可以通过直接针对下级行政机关提起行政诉讼的方式寻求救济，且该种救济方式更为便捷直接。

观点十五：规划和规划行为是否可诉。

——艾年俊诉黄石市人民政府规划行政批准一案

首先，行政规划是指行政主体为实现特定的行政目标而对未来一定时期内拟采取的方法、步骤和措施依法作出的具有约束力的设计与规划。行政规划种类繁多，效力各有不同。某一规划和规划行为是否可诉，依赖于该规划和规划行为是否针对特定人，并对该特定人的权利义务直接产生影响。以城乡规划为例，根据《城乡规划法》的规定，城乡规划包括编制、审批、实施、修改等不同环节，依据《城乡规划法》作出的行政处罚、行政许可等具体实施行为，属于可诉的具体行政行为；给当事人造成损失的，应当依法给予补偿或者赔偿。城乡规划的修改行为，如果给被许可人或者利害关系人合法权益造成损失，亦可以对其提起诉讼，请求补偿。但就规划的编制和审批而言，因其属于针对不特定对象作出的面向未来的一般性调整，因此具有抽象行政行为的特征，不能直接对其提起诉讼。其次，与行政规范性文件相类似，规划和规划批复同样具有不特定性和可反复适用性，但不能就此将规划和规划批复等同于行政规范性文件。规划和规划批复之所以不可诉，在于它和行政规范性文件一样，都具有"普遍约束"性，而不在于它必须是行政规范性文件本身。最后，在论及行政复议决定与原行政行为关系时，有一个统一性原则。其含义是指，撤销之诉的审查对象是"以复议决定的形式体现出来的原行政行为"，换句话说，作为撤销之诉审查对象的原行政行为，是已经以复议决定修正之后的新形式出现的原行政行为。如果原行政行为的理由不当，但经过复议决定修正后理由已经合法的，则视为原行政行为也合法。行政诉讼的二审裁判与一审裁判的关系也是如此。我国实行两审终审制，第二审程序承担着对第一审程序的纠错功能，如果一审裁判结果正确但理由不当，二审裁判在对理由进行修正后维持一审裁判的结果，则视为一审裁判理由已经不复存在，因为发生法律效力的是二审裁判而非一审。

观点十六：《行政诉讼法》实施前法律未规定由法院受理的案件。

——王玉春诉长治市人民政府土地行政登记一案

《行政诉讼法》实施后，公民、法人或者其他组织就发生在《行政诉讼法》实施之前的行为提起行政诉讼，当时的法律没有规定人民法院受理此类案件的，人民法院不予受理。

2）理解与适用

行政诉讼受案范围的法律规则在实务中理解与适用时，会遇到更为复杂和细致的问题。以下是对这些复杂情况的一些实务性分析与理解：

（1）混合行为与受案范围的界定

在实务中，有时一个行政行为可能同时包含具体行政行为和抽象行政行为的要素，或者同时涉及多个不同的行政法律关系。在这种情况下，如何界定行政诉讼的受案范围就变得尤为复杂。法院需要仔细分析行政行为的性质、目的和效果，以及各行政法律关系之间的内在联系，以确定哪些属于行政诉讼的受案范围。

（2）行政不作为与受案范围的确定

行政不作为是行政诉讼中一种特殊的行政行为类型。在实务中，如何确定行政不作为是否属于行政诉讼的受案范围也是一个复杂的问题。一般来说，如果行政不作为对公民、法人或其他组织的合法权益造成了实际影响，且该不作为违反了法律规定的职责和义务，那么它就应当属于行政诉讼的受案范围。但需要注意的是，对于一些涉及政策调整、资源配置等复杂问题的行政不作为，法院在受理时需要谨慎判断其可诉性。

（3）多阶段行政行为与受案范围的划分

多阶段行政行为是指一个行政行为需要经过多个行政机关或多个程序才能完成的情况。在实务中，如何划分多阶段行政行为的受案范围也是一个复杂的问题。一般来说，如果各阶段行政行为之间具有紧密的关联性和连续性，且对公民、法人或其他组织的合法权益产生了实际影响，那么可以将整个多阶段行政行为作为一个整体纳入行政诉讼的受案范围。但如果各阶段行政行为之间相对独立，且对公民、法人或其他组织的合法权益影响较小，那么可以将其分别作为独立的行政行为进行审查。

（4）受案范围与行政诉讼类型的关系

在实务中，行政诉讼的类型多种多样，如撤销诉讼、确认诉讼、给付诉讼等，不同类型的行政诉讼对应着不同的受案范围和审查标准。因此，在确定行政诉讼的受案范围时，还需要考虑行政诉讼的类型及其特点。例如，撤销诉讼主要适用于具体行政行为违法或不当的情况，确认诉讼主要适用于确认行政行为是否合法或有效的情况，给付诉讼主要适用于要求行政机关履行法定职责或给付义务的情况。

（5）受案范围与行政诉讼程序的关系

行政诉讼的程序包括起诉、受理、审理、判决等环节。在实务中，行政诉讼的受案范围与行政诉讼程序密切相关。一方面，受案范围的确定直接影响着行政诉讼程序的启动和进行；另一方面，行政诉讼程序中的各个环节也会对受案范围的确定产生影响。例如，在起诉阶段，法院需要对起诉人的原告资格进行审查；在受理阶段，法院需要对被诉行政行为是否属于行政诉讼的受案范围进行审查；在审理阶段，法院需要对被诉行政行为的合法性进行全面审查；在判决阶段，法院需要根据审查结果作出相应的判决。

（6）行政诉讼受案范围与行政权力的关系

行政诉讼的核心目的是对行政权力进行司法监督，防止行政权力的滥用。因此，行政诉讼的受案范围与行政权力的边界密切相关。在实务中，确定哪些行政行为可以被纳入司法审查的范围，需要考虑行政权力的性质、功能和必要性。如果某一行政行为是行政机关基于其专业知识和经验，在法定的自由裁量权范围内作出的合理决策，那么司法应当保持适当的尊重，不轻易介入。然而，如果行政行为超出了法定的权限或违反了法定的程序，侵犯了公民、法人或其他组织的合法权益，那么它就应当被纳入行政诉讼的受案范围，接受司法的审查和监督。

（7）受案范围与司法资源的关系

司法资源是有限的，因此，在确定行政诉讼的受案范围时，还需要考虑司法资源的合理配置和利用。如果行政诉讼的受案范围过于宽泛，可能会导致大量的案件涌入法院，造成司法资源的紧张甚至浪费。反之，如果行政诉讼的受案范围过于狭窄，可能会导致一些应当接受司法审查的行政行为逃避监督，损害司法公正和权威。因此，在实务中，法院需要根据实际情况，合理确定行政诉讼的受案范围，既要保障公民、法人或其他组织的合法权益得到有效救济，又要避免司法资源的过度消耗和浪费。

（8）受案范围与《行政诉讼法》的发展

《行政诉讼法》是规范行政诉讼活动的基本法律，它规定了行政诉讼的基本原则、制度和程序。行政诉讼的受案范围是《行政诉讼法》的重要组成部分，它反映了《行政诉讼法》的立法宗旨和价值取向。随着社会的不断发展和法治建设的不断推进，《行政诉讼法》也在不断修改和完善。在这个过程中，行政诉讼的受案范围也在不断扩大和深化。例如，一些新的行政行为类型被纳入行政诉讼的受案范围，一些原本属于行政诉讼受案范围的事项被进一步明确和细化。因此，在实务中，理解和适用行政诉讼受案范围的法律规则，需要密切关注《行政诉讼法》的发展动态和立法趋势，及时调整和完善相关的法律制度和司法实践。

（9）涉外行政诉讼的受案范围

随着对外开放的不断扩大和国际交往的日益频繁，涉外行政诉讼也逐渐增多。涉外行政诉讼是指涉及外国人、外国组织或者国际组织的行政诉讼。由于涉外行政诉讼涉及不同国家的法律制度和司法体系，其受案范围的确定更为复杂和敏感。在实务中，确定涉外行政诉讼的受案范围需要考虑多种因素，如国家主权、国际关系、国际条约等。同时，还需要注意与国内行政诉讼的协调和衔接，避免出现法律冲突和司法空白。

综上所述，行政诉讼受案范围的法律规则在实务中的理解与适用是一个复杂而重要的问题，需要综合考虑行政权力的性质、功能和必要性、司法资源的合理配置和利用、《行政诉讼法》的发展动态和立法趋势以及涉外因素等多种因素。只有这样，才能确保行政诉讼的公正、合法和有效进行，维护公民、法人或其他组织的合法权益。

4.3 实战经验

4.3.1 不属于人民法院受案范围识别路径

对起诉状进行细致分析，确保准确识别出争议点是否确实属于行政诉讼的受案范围之外。这需要对行政诉讼的法律规定有深入的理解，根据起诉状的内容，明确案件的性质，并对照相关法律规定，判断其是否属于行政诉讼的受案范围。从行为性质的界定角度出发，人民法院的受案范围并非涵盖所有行政行为，而是有特定的限制。

（1）国家行为，如国防、外交等，由于其涉及国家整体利益和安全，通常不受普通法院的审查。这些行为通常涉及国家机关，如全国人大及其常委会，制定的具有全局性和战略性的决策。

（2）抽象行政行为，如行政法规、规章的制定或修改，也不属于人民法院的受案范围。这些行为涉及政策制定和规则设定，其审查通常需要更高层级的行政机关或立法机关进行。

（3）内部奖惩、任免行为以及法定由行政机关最终裁决的行为同样不在人民法院的受案范围之内。这些行为通常涉及行政机关内部的人事管理和决策机制，法院不宜干预。

（4）刑事诉讼法明确授权实施的行为，如刑事侦查、起诉和审判等，由于已有明确的法律程序和规定，也不属于人民法院的受案范围。

（5）调解与仲裁的特殊性。调解行为和法律规定的仲裁行为在性质上不同于普通的诉讼案件。调解是在双方自愿的基础上进行的，达成的协议对双方有约束力，但并非强制性的法律判决。因此，调解行为不属于人民法院的受案范围。同样，仲裁是根据双方事先达成的仲裁协议，由仲裁机构对争议进行裁决的一种方式。仲裁裁决具有法律效力，但并非由人民法院作出，因此也不属于人民法院的受案范围。

（6）行政指导的性质与限制。行政指导行为是行政机关为行政相对人提供的建议、指导或推荐，旨在促进相对人遵循某种政策或标准。由于行政指导行为不具有强制力，相对人可以自主决定是否遵循，因此通常不被视为可以受理的案件。

（7）重复处理行为的排除。重复处理行为指的是行政机关对同一事项进行多次处理或重复驳回当事人申诉的行为。这些行为并未产生新的法律效果或对当事人的权利义务产生新的影响，因此通常不在人民法院的受案范围之内。

（8）法律效力与过程性行为的考量。行政机关作出的不产生外部法律效力的行为，如内部文件、通知等，以及为作出行政行为而实施的准备、论证、研究、呈报、咨询等过程性行为，由于未产生最终的法律效力或对外部主体产生实际影响，因此同样不属于人民法院的受案范围。

（9）内部行为的豁免。内部行为通常指的是行政机关对行政机关工作人员的奖惩、任免等决定，以及基于内部层级监督关系对下级行政机关作出的听取报告、执法检查、督促履责等行为。这些行为属于行政机关的内部管理事务，通常不受人民法院的审查。

此外，行政机关根据人民法院的生效裁判、协助执行通知书作出的执行行为，在一般情况下也不属于受案范围。但如果行政机关在执行过程中扩大执行范围或采取违法方式实施执行行为，则可能构成违法行为，人民法院可以受理相关案件。

（10）对权利义务无实际影响的行为的排除。对公民、法人或其他组织权利义务不产生实际影响的行为也不属于人民法院的受案范围。这些行为可能只是形式上的或程序上的行为，并未对当事人的实体权利义务产生实际影响。

综上所述，人民法院在受理案件时需要根据行为性质、法律效力、内部行为等因素进行综合判断，确保案件符合受理条件并符合法律规定。不属于受案范围的行为通常涉及国家行为、抽象行政行为、内部行为等方面，这些行为由于其特殊性质或法律规定而不受人民法院的审查。

4.3.2 不属于行政诉讼受案范围案件处理

1）对立案登记制度的反思

立案登记制度与不属于行政诉讼受案范围之间的关系是一个微妙而

复杂的话题。立案登记制度扩大了行政案件立案的范围，使得数量众多的行政案件能够进入到司法程序，使得行政相对人的权利能够得到保障。但是，由于我国公民对法律的认识能力有限，许多民众对诉讼程序缺乏基本的了解，将司法机关的职能与某些行政机构的职能相混同，错误地认为法院必须对所有起诉案件进行深入全面的审理以"主持公道"。

然而，立案登记制度的设计初衷是为了降低公民接近司法的门槛，确保公民的合法权益得到及时保障。然而，行政诉讼受案范围的界定则是基于法律、政策以及行政管理的实际需要。这两者之间的张力在于，如何既保障公民的诉权，又确保司法资源的合理配置和行政效率。

关于立案登记制度下的筛选机制，虽然立案登记制度降低了立案门槛，但并不意味着所有案件都会得到受理。在实践中，法院仍然需要根据行政诉讼受案范围的规定，对案件进行筛选。在实践中存在这样的误解，认为实行了立案登记制，就是对于所有的诉至法院的案件不加区分地进行立案受理，换言之，认为立案登记制就是"有案必立"。这种观点明显将行政诉讼中立案的条件忽略了。现阶段实行的立案登记制，不是无条件地立案。在《行政诉讼法》第五十一条规定："人民法院在接到起诉状时对符合本法规定的起诉条件的，应当登记立案。"这是关于立案登记制适用的限制条件，同时表明在实行立案登记制条件下，对于案件的审查同样是有要求的，只不过这种要求和审查立案制度相比，审查的内容和重点发生了变化，不再进行实质审查，但这不意味着没有审查。基于这种误解，现实中没有被立案的相对人便会怀疑法律的公正性，造成一些纠纷的产生。筛选机制确保了司法资源不被滥用，同时也维护了行政诉讼的严肃性和权威性。

2）关于不属于行政诉讼受案范围案件处理

立案登记制的实施，虽然在一定程度上解决了"立案难"的问题，保障了相对人的行政诉讼权利，但同时也带来了一些隐患，比如滥用立案权利的现象。对于不属于行政诉讼受案范围的案件，如果盲目立案，不仅会增加法院的负担，造成司法资源的浪费，还可能误导当事人，使其对司法公正产生不必要的依赖和期待。因此，法院在处理这类案件时，应当采取审慎的态度。一方面，要严格按照《行政诉讼法》的规定，对案件的受案范围进行审查，对于明显不属于受案范围的案件，应当及时作出不予受理的决定。另一方面，要做好解释和引导工作，帮助当事人了解行政诉讼的受案范围和立案标准，引导其通过其他合法途径解决争议。

3）关于机构改革后职权重新划分的问题

机构改革是行政管理体制改革的重要组成部分，也是推进国家治理体系和治理能力现代化的必然要求。在机构改革过程中，必然会出现职权调整、职责划转等情况，这在一定程度上会影响到行政诉讼的进行。

对于因机构改革导致职权划分不明、被提起诉讼时不能及时提交证据而败诉的情况，行政机关应当从以下几个方面加以改进：

（1）加强与司法机关的沟通协调。在机构改革过程中，行政机关应当主动与司法机关进行沟通协调，明确各自的职责和权限，确保行政诉讼的顺利进行。

（2）及时制定和修改相关法规规章。行政机关应当根据机构改革的实际情况，及时制定和修改相关法规规章，明确各行政机关的职责和权限，为行政诉讼提供明确的法律依据。

（3）加强内部管理和培训。行政机关应当加强内部管理，明确各部门和人员的职责和权限，避免出现职责不清、推诿扯皮的情况。同时，要加强对相关人员的培训，增强其法律意识和应诉能力。

总之，面对不属于行政诉讼受案范围的案件和机构改革带来的挑战，行政机关和司法机关应当加强沟通协调，明确各自的职责和权限，共同推进国家治理体系和治理能力现代化。

4）行政复议和行政诉讼的均不受理范围

在中国，行政复议和行政诉讼是公民、法人或其他组织对行政行为不服时的重要救济途径。然而，并非所有的行政行为都可以被复议或诉讼，这取决于法律法规及规章的具体规定。

（1）信访事项的处理通常不属于行政复议和行政诉讼的受理范围。信访是公民、法人或其他组织向行政机关反映情况、提出建议或投诉请求的一种方式，但其处理结果一般不具有强制力，对信访人的实体权利义务不产生实质影响，因此不属于复议和诉讼的范围。

（2）要求上级行政机关基于内部层级监督关系履行对下级行政机关的执法检查、督促履行等监督职责的，通常也不属于行政复议和行政诉讼的受理范围。这是因为这种内部层级监督是行政机关之间的内部管理行为，不涉及对外部相对人权利义务的处分。

（3）行政复议申请需要符合一定的条件，如申请材料齐全、表述清楚等。如果申请不符合这些条件，复议机关可以要求申请人补正；无正当理由逾期不补正的，复议机关可以决定不予受理。

（4）在一级行政复议制度下，公民、法人或其他组织对行政复议决定不服的，可以依法提起行政诉讼以寻求救济，但不能向复议机关的上级机关继续申请复议。这是为了保证行政争议的及时解决和行政效率的提高。

（5）对于明显不符合《中华人民共和国中华行政复议法》（以下简称《行政复议法》）规定行政复议受理条件的复议申请，复议机关可以依法视具体情形作出相应处理，如口头释明后不作书面驳回决定并登记保存相关申请材料；当事人不服提起行政诉讼的，人民法院可以径行裁定不予立案。这是为了有效规制滥用行政复议申请的行为并节约行政成本。

（6）在行政诉讼中，被告的确定遵循"谁行为，谁被告"的原则。对于复议维持的案件，原行政行为和复议决定均属于审查对象，作出原行政行为的行政机关和复议机关是共同被告；而对于复议改变的案件，则只有复议机关是被告。此外，如果复议机关在法定期限内未作出复议决定或未履行法定职责的，当事人可以选择起诉原行政行为或复议机关不作为的行为。

（7）在行政诉讼中，起诉期限是一个重要的程序要求。对于经过复议的案件，当事人可以在收到复议决定书之日起十五日内向人民法院提起行政诉讼；而对于直接起诉原行政行为的案件，则适用六个月的起诉期限规定。但需要注意的是，如果当事人既起诉原行政行为又起诉复议决定的，则受诉人民法院应当告知其可以起诉其中一个行为并告知其理由；如果当事人坚持起诉两个行为的，则人民法院应当裁定驳回起诉。

4.3.3　实战案例

案例：答辩人某市自然资源局对被答辩人于某卫、于某武、于某洪请求答辩人撤销征收补偿方案公告一案的答辩。根据《征用土地公告办法》第七条："有关市、县人民政府土地行政主管部门会同有关部门根据批准的征用土地方案，在征用土地公告之日起45日内以被征用土地的所有权人为单位拟订征地补偿、安置方案并予以公告。"第八条："征地补偿安置、方案公告应当包括下列内容：（一）本集体经济组织被征用土地的位置、地类、面积，地上附着物和青苗的种类、数量，需要安置的农业人口的数量；（二）土地补偿费的标准、数额、支付对象和支付方式；（三）安置补助费的标准、数额、支付对象和支付方式；（四）地上附着物和青苗的补偿标准和支付方式；（五）农业人员的具体安置途径；（六）其他有关征地补偿、安置的具体措施。"根据《中华人民共和国土地管理法实施条例》第二十五条："对补偿标准有争议的，由县级以上地方人民政府协调；协调不成的，由批准征收土地的人民政府裁决。征地补偿、安置争议不影响征收土地方案的实施。"征收补偿方案公告不是最终单独的行政行为，属于征地过程中的材料。前面有批准，后面有裁决，征收补偿方案公告仅是中间行为。因此，根据《最高人民法院关于适用〈中华人民共和国行政诉讼法〉的解释》第一条第六款"公民、法人或者其他组织对行政机关及其工作人员的行政行为不服，依法提起诉讼的，属于人民法院行政诉讼的受案范围。行政机关为作出行政行为而实施的准备、论证、研究、呈报、咨询等过程性行为"，安置补偿公告不属于人民法院受案范围。

综上所述，行政诉讼中不属于受案范围的答辩需要被告精确把握法律规定、详细阐述具体理由、充分引用法律依据与先前案例、合理搭建答辩结构与逻辑、注意语言风格与态度，及时总结经验教训并持续改进。

5　超过起诉期限答辩

在行政诉讼中，起诉期限是原告向法院提起诉讼的法定期间，一旦超过该期限，原告将失去通过诉讼途径获得救济的权利。因此，对于被告而言，如果能够证明原告的起诉已经超过了法定起诉期限，那么将有可能成功地驳回原告的诉讼请求。

5.1　起诉期限的界定及法理基础

5.1.1　起诉期限的界定

起诉期限是指公民、法人或者其他组织提起行政诉讼的法定期限。起诉期限是相对人可以起诉的始期到终期的时间阶段。《行政诉讼法》第四十六条规定①，公民、法人或者其他组织直接向人民法院提起诉讼的，应当自知道或者应当知道作出行政行为之日起六个月内提出，法律

---

① 《中华人民共和国行政诉讼法》第四十六条："公民、法人或者其他组织直接向人民法院提起诉讼的，应当自知道或者应当知道作出行政行为之日起六个月内提出。法律另有规定的除外。因不动产提起诉讼的案件自行政行为作出之日起超过二十年，其他案件自行政行为作出之日起超过五年提起诉讼的，人民法院不予受理。"

另有规定的除外。

5.1.2 起诉期限的法理基础

1）法理基础

（1）法治原则与行政合法性：法治原则要求行政机关的行政行为必须合法，且受到司法审查。行政诉讼起诉期限的设定，确保了公民、法人或其他组织在合法权益受到行政行为侵害时，有机会在合理的时间内寻求司法救济，从而维护法治原则。

（2）权利保障与救济时效性：行政诉讼起诉期限的设定，旨在保障行政相对人的诉权，促使其及时行使权利，防止因时间过长导致证据灭失、记忆模糊等不利于案件审理的情况发生。同时，合理的起诉期限也有助于提高司法效率，确保案件得到及时处理。

（3）法律安定性与公共利益：行政行为一旦作出，即具有确定力、拘束力和执行力。行政诉讼起诉期限的设定，有助于维护法律关系的安定性，避免长时间的诉讼纷争对公共利益造成损害。

（4）平衡行政权与司法权：行政诉讼起诉期限的设定，体现了行政权与司法权之间的平衡。一方面，它允许行政相对人在一定期限内对行政行为提起诉讼，以保障其合法权益；另一方面，它也限制了行政相对人无限期地提起诉讼，以维护行政行为的稳定性和行政机关的权威。

2）超过起诉期限答辩的理论基础

（1）尊重行政诉讼的法定程序，维护法律的严肃性和权威性；

（2）保护行政机关的合法权益，避免因为原告的懈怠或者故意拖延而给行政机关带来不必要的讼累；

（3）保障行政诉讼的效率，防止因为过期诉讼而导致的司法资源浪费。

5.2 超过起诉期限案件实务解析与研究

在行政诉讼领域，起诉期限的规定具有严格的法定性，它是为了督促当事人及时行使权利、维护法律关系的稳定性而设立的。当原告因超过起诉期限而面临驳回诉讼的风险时，被告如何进行有效答辩，成为实务中一个值得深入研究的问题。

5.2.1 实务解析

1）答辩的核心理念

答辩的核心理念在于充分阐述并证明原告起诉超过法定起诉期限的事实和法律依据，从而请求法院依法驳回原告的诉讼请求。这需要被告在答辩中明确指出起诉期限的重要性、法定性以及原告超过期限的具体事实，并提供充分、有效的证据支持自己的主张。

2）超过起诉期限的识别

首先，要明确起诉期限的计算起点。根据不同的行政行为和法律规定，起诉期限的计算起点可能有所不同。一般来说，起诉期限从公民、法人或者其他组织知道或者应当知道诉权或者起诉期限之日起计算，但从知道或者应当知道行政行为内容之日起最长不得超过一年。对于复议决定或者不作为的行政行为，起诉期限的计算也有特别规定。

其次，要注意起诉期限的中断和延长。在特定情况下，如因不可抗力或者其他不属于自身的原因耽误起诉期限的，被耽误的时间不计算在起诉期限内。此外，公民、法人或者其他组织因前款规定以外的其他特殊情况耽误起诉期限的，可以向人民法院申请延长期限，是否准许由人民法院决定。

5.2.2 实务研究

1）裁判规则梳理

一般起诉期限法律规定和现行司法解释：一是作为类案件。《行政诉讼法》第四十六条第一款规定，公民、法人或者其他组织直接向人民法院提起诉讼的，应当自知道或者应当知道作出行政行为之日起六个月内提出。法律另有规定的除外。第四十八条规定，公民、法人或者其他组织因不可抗力或者其他不属于其自身的原因耽误起诉期限的，被耽误的时间不计算在起诉期限内。公民、法人或者其他组织因前款规定以外的其他特殊情况耽误起诉期限的，在障碍消除后十日内，可以申请延长期限，是否准许由人民法院决定。《最高人民法院关于执行〈中华人民共和国行政诉讼法〉若干问题的解释》（2000 年 3 月 10 日起施行）第四十一条规定，行政机关作出具体行政行为时，未告知公民、法人或者其他组织诉权或者起诉期限的，起诉期限从公民、法人或者其他组织知道或者应当知道诉权或者起诉期限之日起计算，但从知道或者应当知道具体行政行为内容之日起最长不得超过 2 年。复议决定未告知公民、法人或者其他组织诉权或者法定起诉期限的，适用前款规定。二是不作为类案件。修改后的《行政诉讼法》第四十七条规定，公民、法人或者其他组织申请行政机关履行保护其人身权、财产权等合法权益的法定职责，行政机关在接到申请之日起两个月内不履行的，公民、法人或者其他组织可以向人民法院提起诉讼。法律法规对行政机关履行职责的期限另有规定的，从其规定。公民、法人或者其他组织在紧急情况下请求行政机关履行保护其人身权、财产权等合法权益的法定职责，行政机关不履行的，提起诉讼不受前款规定期限的限制。《最高人民法院关于适用〈中华人民共和国行政诉讼法〉若干问题的解释》（2015 年 5 月 1 日起施行）第四条规定，公民、法人或者其他组织依照《行政诉讼法》第四十七条第一款的规定，对行政机关不履行法定职责提起诉讼的，应当在行政机关履行法定职责期限届满之日起六个月内提出。

2）最长起诉期限

《行政诉讼法》第四十六条第二款：因不动产提起诉讼的案件自行政行为作出之日起超过二十年，其他案件自行政行为作出之日起超过五年提起诉讼的，人民法院不予受理。

（1）最长起诉期限是除斥期间还是特殊期间。最长起诉期限是除斥期间是指，只要超过了法定的最长期限，无论出于何种原因导致，法院将不予受理，受理后也将裁定驳回起诉。不论理论界或实务界，很多人均主张这种观点，以保障行政行为高效、稳定，以免时过境迁，或难于取证、难于还原事实真相而排除合法的行政行为被推翻。

（2）最长起诉期限是特殊期间。虽然超过了最长诉讼时间，但是如果有法定的合理理由，最长诉讼时效要考虑特殊情况予以适当考量，或扣除或延长，起诉人并不当然丧失诉权，法院仍然需要依法审理。这种观点在理论与实务中也有很多人支持，意在最大限度地保障当事人的诉权，以免行政行为的不公开、不透明、不告知等而肆意侵犯相对人尤其是利害关系人的合法权益。

3）裁判观点

观点一：因关联民事诉讼耽误的期限应予扣除。

法律问题：①当事人在相关民事诉讼中得知被诉行政行为，起诉期限的起算点该如何判断；②对于以预告登记为名但实际超出预登记范围的土地登记行为，该如何判断其合法性。

法官会议意见：①本案当事人系在另案民事诉讼庭审中得知被诉行政行为，起诉期限的计算是否应当以上述民事诉讼庭审时间为起算点需要讨论，考虑到被诉行政行为最终的合法性判断与民事诉讼裁判结果之间的关联，基于行政法上的信赖原则及司法最终确定原则，起诉期限不宜以庭审时间为起算点，当事人提起本案一审时并未超过法定起诉期限。②本案预告登记作出时《土地登记办法》仍有效，应当遵守《土地登记办法》的规定，但就个案而言，实际登记内容已超出预告登记范围的土地登记，在权属来源、颁证程序等方面存在明显违法，且对当事人的实体权益造成重大损害的情况下，人民法院可以依法予以撤销。

观点二：在未告知起诉期限情形下，起诉期限应当如何计算，新旧法之间如何衔接。

2015年5月1日之前，行政机关作出行政行为未告知起诉期限的，从知道或者应当知道行政行为之日起最长不超过两年；至2015年5月1日，起诉期限尚未届满的，以剩余期限计算起诉期限，但剩余期限超过修改后的《行政诉讼法》第四十六条第一款规定的六个月起诉期限的，以六个月为限，至2015年11月1日起诉期限届满；2015年5月1日至2018年2月8日期间，行政机关作出的行政行为未告知起诉期限的，从当事人知道或者应当知道行政行为之日起仅有六个月的有效起诉期限，超过六个月起诉期限届满；至2018年2月8日，起诉期限尚未届满的，起诉期限适用《适用解释》第六十四条第一款规定，从知道或者应当知道行政行为之日起最长不超过一年。

理由：根据《最高人民法院关于适用〈中华人民共和国行政诉讼

法〉若干问题的解释》第二十六条第一款规定，2015年5月1日前起诉期限尚未届满的，适用修改后的《行政诉讼法》关于起诉期限的规定。修改后的《行政诉讼法》只有六个月起诉期限的规定，因此两年起诉期限自2015年5月1日起不再适用，当事人剩余起诉期限在2015年5月1日之后最长只能保留六个月。2015年5月1日至2018年2月8日期间，适用修改后的《行政诉讼法》规定的六个月起诉期限，两年起诉期限不再适用。至2018年2月8日《适用解释》生效，行政机关作出行政行为未告知诉期限的，从知道或应当知道行政行为之日起，起诉期限最长不超过一年。至2018年2月8日，当事人六个月起诉期限尚未届满的，符合一年起诉期限适用条件的，起诉期限延长至一年。

观点三：行政案件的起诉期限，应从当事人知道或应当知道行政行为内容的那一刻开始计算，而非从知晓行政行为的违法性之时起算。

——崔某武诉乳山市人民政府土地行政征收及行政赔偿案（（2016）最高法行申1798号）

首先，《行政诉讼法》规定的起诉期限是从行政相对人知道或应当知道行政行为之日起开始计算，而并非从知道或应当知道行政行为违法起开始计算。其次，《行政诉讼法》第四十八条规定，公民、法人或者其他组织因不可抗力或者其他不属于其自身的原因耽误起诉期限的，被耽误的时间不计算在起诉期限内。原告信访维权，不构成耽误法定起诉期限的正当原因。

观点四：起诉期限的计算与行政行为送达日期。

在计算公民、法人或其他组织是否超过法定起诉期限时，人民法院不应仅以被诉行政行为的落款日期作为起始点，而应以该行政行为送达之日的次日为准。若仅依据落款日期，可能忽略了行政行为真正为当事人所知的时间，从而导致对起诉期限的误判。

参考案例：马某发诉蒙自市人民政府行政决定案（（2015）行监字第1727号）。在此案中，最高法院强调，仅以行政行为的落款日期作为起诉期限的起算点是不恰当的，而应以送达之日的次日为准。

观点五：信访与起诉期限。

公民、法人或其他组织选择向有关机关进行申诉、信访或反映问题，这通常不被视为起诉期限被耽误的正当理由。起诉期限的耽误应仅限于不可抗力、人身自由受限制等确实无法行使起诉权的情形。

参考案例：张某远诉济南市槐荫区人民政府、济南市槐荫区腊山分洪工程非法占地案（（2016）最高法行申300号）。在此案中，最高人民法院明确表示，向有关机关申诉、信访或反映问题，并不能作为起诉期限被耽误的合法理由。

观点六：行政诉讼起诉期限的特殊性。

行政诉讼中的起诉期限制度不同于民法上的诉讼时效制度。它不能中断或中止，只有在特殊情况下，才可能申请延长起诉期限或将被耽误的时间不计算在起诉期限内。人民法院在一审期间应依职权对原告的起诉是否超过法定起诉期限进行审查。

参考案例：陈某利诉安徽省五河县人民政府行政征收案（（2016）最高法行申2645号）；威海市美尔雅装饰有限责任公司诉威海市人民政府颁发国有土地使用证案（（2016）最高法行申162号）；张某力诉徐州市泉山区人民政府房屋征收补偿案（（2017）最高法行申5410号）。这些案例都强调了人民法院应依职权对起诉期限进行审查的重要性。

观点七：起诉期限与正当理由。

当原告因不可归责于自身的原因超过法定起诉期限时，人民法院应结合具体情况，按照有利于原告的原则来判断其是否有正当理由。若原告已积极行使诉权，但因正当理由而耽误起诉期限的，应给予其合理的宽限。

参考案例：黄某敬诉北京市东城区人民政府行政复议案（（2016）最高法行申4521号）。在此案中，最高人民法院指出，在判断原告是否超过起诉期限以及是否有正当理由时，应充分考虑原告是否已积极行使诉权以及是否存在因正当理由而耽误起诉期限的情形。同时，应按照有利于原告的原则进行判断。

观点八：原告起诉是否超过法定起诉期限，是否符合法定起诉条件，依法属于人民法院依职权主动审查的范围。

——张某力诉徐州市泉山区人民政府房屋征收补偿案（（2017）最高法行申5410号）

观点九：再审申请人针对2015年5月1日之前签订的拆迁安置补偿协议提起诉讼，亦应当根据当事人的诉讼请求，分别按照《民事诉讼法》《行政诉讼法》的相关规定选择适用诉讼时效或起诉期限。

——石某诉淮安市淮阴区人民政府履行房屋拆迁协议案（（2018）最高法行申3018号）

观点十：因人民法院管辖权调整，原告向有管辖权的人民法院提起行政诉讼超过法定起诉期限，但不存在怠于行使诉权情形的，属于有正当理由。

——王某春诉长乐区人民政府行政强制违法案（（2017）最高法行再98号）

观点十一：最长诉讼保护期限属于客观期间。

——马中现、张爱勤诉汝州市人民政府土地登记一案

首先，行政行为在很多情况下只是送达直接相对人，其他因该行政行为受到不利影响的人未必能够及时得知，如果因为利害关系人无法"知道或者应当知道"行政行为而不能开始计算起诉期限，将会造成行政行为的效力随时都可以争议，行政法律关系无限期地处于不稳定状态。为了实现行政法律关系的尽早安定，修改后的《行政诉讼法》增加了最长诉讼保护期限的规定，其含义是指，自行政行为作出之日起，经过一定的期间就不得提起撤销之诉。这一期间属于客观期间，不论当事人是否知道或者应当知道行政行为的存在。即使确实是在知道或者应当知道行政行为之后的六个月内提起诉讼，但也会因超过了二十年的最长诉讼保护期限，从而丧失了寻求司法救济的权利。其次，行政诉讼与民事诉讼有许多共同点，民事诉讼的许多程序对行政诉讼是适用的。但是，作为解决行政争议的行政诉讼毕竟有其特有性质，《民事诉讼法》的一些规定并不能适用于行政诉讼。具体来讲，行政诉讼对于《民事诉讼法》的适用应当排除两种情形：一是《行政诉讼法》已有规定的；二是《行政诉讼法》虽然没有规定但《民事诉讼法》的规定与行政诉讼性质有所抵触的。《行政诉讼法》规定的最长诉讼保护期限，正是参照《中华人民共和国民法通则》（以下简称《民法通则》）规定的二十年最长诉讼时效而设计，但基于行政法律关系的特殊性，有意排除了《民法

通则》关于"有特殊情况的，人民法院可以延长诉讼时效期间"的适用。因此，在撤销之诉中，不存在适用民事诉讼最长诉讼时效的空间，也不存在诉讼时效中止、中断、延长的可能。

5.2.3 理解与适用

起诉期限裁判规则在实务中的理解与适用，是行政诉讼中一个关键且复杂的环节。它要求法院和当事人在处理行政诉讼案件时，准确把握起诉期限的相关规定，并结合实际情况进行合理适用。以下是对起诉期限裁判规则实务理解与适用的详细分析：

1）准确把握起诉期限的法律规定

在实务中，法院和当事人首先需要准确把握行政诉讼中起诉期限的法律规定。这包括了解不同类型的行政行为对应的起诉期限、计算方式以及特殊情况下起诉期限的延长或中断等规定。只有充分了解这些法律规定，才能确保在行政诉讼中正确适用起诉期限裁判规则。

2）注重起诉期限与实际情况的结合

在适用起诉期限裁判规则时，法院和当事人需要注重将法律规定与实际情况相结合。具体来说，就是要考虑当事人的实际情况、行政行为的性质以及案件的具体情况等因素。例如，在某些情况下，虽然法律规定的起诉期限已过，但如果当事人有合理的理由且未对行政行为造成实质性影响，法院可能会考虑接受其起诉。反之，如果当事人无正当理由拖延起诉，即使起诉期限尚未届满，法院也可能会裁定不予受理。

3）注意起诉期限与诉讼时效的区别与联系

在实务中，还需要注意起诉期限与诉讼时效的区别与联系。虽然两者都是限制当事人行使诉权的时间制度，但它们在性质、适用范围和效果上存在差异。起诉期限是行政诉讼中的特有制度，主要适用于对行政行为的起诉；而诉讼时效则适用于民事诉讼等其他领域。此外，起诉期限是法定的不变期间，不能中断或中止；而诉讼时效则可以在一定条件下中断或中止。因此，在适用起诉期限裁判规则时，需要明确区分起诉期限与诉讼时效的不同之处，并正确处理它们之间的关系。

4）关注起诉期限裁判规则的最新发展

随着法治建设的不断推进和行政诉讼实践的不断深入，起诉期限裁判规则也在不断发展变化。因此，在实务中，法院和当事人需要关注最新的法律法规和司法解释，及时了解起诉期限裁判规则的最新发展动态。同时，还需要结合实际情况对新的规定进行合理适用，以确保行政诉讼的顺利进行和当事人合法权益的有效保障。

综上所述，起诉期限裁判规则在实务中的理解与适用是一个复杂且重要的问题，它要求法院和当事人在处理行政诉讼案件时，准确把握起诉期限的相关规定并结合实际情况进行合理适用，只有这样，才能确保行政诉讼的公正、合法和有效进行并维护当事人的合法权益。

5.3 实战经验

如果一个行政案件经过法院审理，被生效法律文书确定确实超过了最长起诉期限，但是行政行为确实有合法性、合理性问题，起诉人也确实有合法权益受损的冤屈该如何处理呢？这时候法院不能直接依法纠正行政行为，也不能直接支持起诉人的诉求，该如何处理呢？在行政诉讼实践中，对起诉期限的举证和答辩是一个重要的环节。被告应采取合理的举证策略和答辩策略，确保在诉讼中维护自己的合法权益。同时，被告也应注意遵循法律程序和保持客观公正的态度，以确保行政诉讼的顺利进行。

5.3.1 超过起诉期限具体实践

1）具体应用

实例一：某市民因不服城市规划部门对其违章建筑的拆除决定，决定提起行政诉讼。然而，他在拆除决定作出后的一年零八个月后才向法院提起诉讼。根据《行政诉讼法》的规定，对于这类行政诉讼案件，起诉期限通常为一年。因此，法院在审理此案时，首先会审查该市民的起诉是否超过了法定期限。如果确实超过了法定期限，且无正当理由，法院可能会裁定不予受理。

实例二：某企业因环境污染问题被环保部门处以罚款，并责令限期整改。该企业不服处罚决定，但在整改期限内未提起诉讼。整改期限结束后，该企业仍未达到环保标准，环保部门依法对其进行了再次处罚。此时，该企业向法院提起诉讼，请求撤销原处罚决定。在这个案例中，法院会审查该企业的起诉期限。由于该企业在第一次处罚后的整改期限内未提起诉讼，而是在再次被处罚后才提起诉讼，因此其起诉可能已经超过了法定期限。但法院还会进一步考虑该企业是否有正当理由未能及时提起诉讼，以及案件的具体情况等因素来综合判断。

实例三：在一起行政征收案件中，征收决定明确告知了当事人诉权和起诉期限。然而，当事人在起诉期限内未提起诉讼，而是选择了通过信访途径表达诉求。信访未果后，当事人超过了起诉期限才向法院提起诉讼。在这个案例中，法院会审查当事人是否知道或应当知道诉权和起诉期限。由于征收决定已经明确告知了这些信息，当事人选择信访而非诉讼途径并不能成为其超过起诉期限的正当理由。因此，法院可能会裁定不予受理当事人的起诉。

这些实例展示了起诉期限裁判规则在实务中的具体应用。在实际操作中，法院会根据案件的具体情况、当事人的实际情况以及法律规定来综合判断起诉是否超过了法定期限，并作出相应的裁判。这也体现了法律的灵活性和公正性在个案中的平衡与协调。

2）超过起诉期限的证据收集

（1）收集证据。被告应尽早收集与起诉期限相关的证据，包括相关文件、邮件、通知等，以证明原告是否在法定起诉期限内提起了诉讼。

（2）明确时间线。被告应清晰地展示从行政行为作出到原告提起诉讼的时间线，以证明原告是否在规定的时间内提起了诉讼。

（3）专家证言。如果有必要，被告可以请专家就起诉期限的计算和适用提供证言，以支持其举证。

5.3.2　实战案例

案例：再审申请人（一审原告、二审上诉人）某房地产开发有限公司、被申请人（一审被告、二审被上诉人）某省某市人民政府。再审申请人某房地产开发有限公司因诉被申请人某省某市人民政府（以下简称某市政府）不履行法定职责一案，不服某省高级人民法院行政裁定，向最高人民法院申请再审。某公司申请再审称：某市政府2004年作出减免费用的行为后，一直未履行承诺。某公司向法院提起行政诉讼时，某市政府的行政侵权行为仍在进行中。

最高人民法院经审查认为，《行政诉讼法》第四十九条第三项规定，提起诉讼应当有具体的诉讼请求和事实根据。本案中，某市城乡建设委员会作出某文件，就某超市建设项目减免费用事项请示市政府，时任市主要领导在办文说明上签批"同意"。此文件及办文说明均未向某公司送达，某市政府亦未对某公司作出关于建设项目减免费用的书面决定。某号文件及办文说明均属于行政机关内部公文，未产生外部法律效力，不直接对某公司的权利义务产生实际影响。某公司以此为由主张某市政府对其作出行政承诺，请求某市政府履行法定职责，缺乏事实根据。一、二审裁定驳回起诉，并无不当。某公司申请再审的理由不能成立，最高人民法院不予支持。依照《最高人民法院关于适用〈中华人民共和国行政诉讼法〉的解释》第一百一十六条第二款的规定，裁定驳回某房地产开发有限公司的再审申请。

综上所述，被告在面对超过起诉期限的诉讼时，可以采取适当的答辩策略来维护自己的权益。需要注意的是，每个具体案件的情况都可能有所不同，因此在处理具体案件时需要结合相关法律法规和案件具体情况进行分析和判断。

6 行政复议与行政诉讼衔接答辩

行政复议和行政诉讼都是我国法律体系中为公民、法人和其他组织提供救济途径的重要机制。它们在保护当事人合法权益、监督和促进行政机关依法行政方面发挥着不可替代的作用。在实际操作中，行政复议和行政诉讼往往呈现出一种衔接关系，即当事人对行政复议决定不服时，可以依法向人民法院提起行政诉讼。因此，研究行政复议和行政诉讼的衔接答辩问题具有重要的理论意义和实践价值。

6.1 行政复议与行政诉讼衔接的情形与法理基础

6.1.1 基本含义

1）行政复议

行政复议是指公民、法人或者其他组织认为行政机关的具体行政行为侵犯其合法权益，向上一级行政机关或者法定复议机关提出申请，要求对该具体行政行为进行审查和决定的法律制度。

2）行政诉讼

行政诉讼是指公民、法人或者其他组织认为行政机关和行政机关工作人员的具体行政行为侵犯其合法权益，依法向人民法院提起诉讼，由人民法院进行审理并作出裁判的法律制度。

3）行政复议与行政诉讼的衔接

行政复议与行政诉讼的衔接，是指当事人在对行政行为不服时，如何选择和运用行政复议和行政诉讼这两种途径来维护自己的合法权益。衔接问题的核心在于如何处理好行政复议与行政诉讼之间的关系，确保当事人的权益得到及时、有效的保障。

6.1.2　行政复议与行政诉讼的衔接关系

1）衔接原则

在一般情况下，当事人应首先选择行政复议作为救济途径；对行政复议决定不服时，方可提起行政诉讼。但也存在例外情况，如涉及税务、专利等领域的案件，当事人可以直接提起行政诉讼。

2）衔接方式

当事人在行政复议期间或《行政复议决定书》送达之日起一定期限内（一般为15日或30日），可以依法向人民法院提起行政诉讼。提起行政诉讼后，行政复议决定不停止执行，除非法律规定停止执行或者人民法院裁定停止执行。

6.1.3　行政复议与行政诉讼衔接的情形

1）自由选择

即当事人可以自由选择行政复议或行政诉讼。在这种情况下，如果选择了行政复议后对复议决定不服，仍可以提起行政诉讼；但一旦选择了行政诉讼，就不能再申请行政复议。

2）行政复议前置

即行政复议是行政诉讼的必经程序。在这种情况下，当事人对行政机关的具体行政行为不服，必须先向行政机关申请复议，如对复议决定仍不服，才能提起行政诉讼。未经复议，不得直接起诉。这通常被称为

"复议先行"或"复议前置"。但需要注意的是，复议前置必须由法律法规作出特别规定。

3）行政复议终局

即以行政复议决定为终局决定，当事人只能申请复议，不能提起行政诉讼，且行政复议决定产生最终的法律效力。也就是说，一旦行政复议决定作出，即具有最终的法律效力，当事人必须遵从。

6.1.4　行政复议与行政诉讼衔接的法理基础

行政复议与行政诉讼衔接的法理基础主要体现在以下几个方面：

1）权利救济的连续性

行政复议和行政诉讼都是公民、法人或其他组织在其权益受到行政行为侵害时寻求救济的途径。二者在程序上的衔接，确保了当事人在行政复议未能满足其救济需求时，可以进一步通过行政诉讼来维护自身权益，从而体现了权利救济的连续性。

2）行政权与司法权的分立与制衡

行政复议是行政机关内部的一种自我纠错机制，体现了行政权的运作；而行政诉讼则是司法机关对行政行为进行的合法性审查，体现了司法权对行政权的监督。二者在衔接过程中，既体现了行政权与司法权的分立，又体现了司法权对行政权的制衡。

3）公正与效率的平衡

行政复议程序相对简便、迅速，有利于及时纠正错误的行政行为，体现了效率价值；而行政诉讼程序则更为严谨、公正，有利于确保当事人的合法权益得到充分保障，体现了公正价值。二者在衔接过程中，需要平衡公正与效率的关系，既要确保当事人的救济权利得到充分保障，又要避免程序过于繁琐导致救济不及时。

4）法律体系的统一性与协调性

行政复议与行政诉讼作为两种不同的救济制度，在衔接过程中需要保持法律体系的统一性与协调性。这要求二者在程序设置、受理范围、审查标准等方面保持一定的协调与衔接，避免出现制度冲突或空白地带。

综上所述，行政复议与行政诉讼衔接的法理基础在于权利救济的连续性、行政权与司法权的分立与制衡、公正与效率的平衡以及法律体系的统一性与协调性。这些法理基础为二者在程序上的衔接提供了指导和依据，有助于确保当事人的合法权益得到充分保障。

6.2 行政复议与行政诉讼衔接实务解析与研究

行政复议与行政诉讼的衔接问题，是行政法领域中的一个重要议题。在实务中，当事人对行政行为不服时，可以选择先申请行政复议，再提起行政诉讼；也可以直接提起行政诉讼。这两种途径的衔接问题，关系到当事人的权益保障和行政争议的解决效率。

6.2.1 实务解析

1）行政复议与行政诉讼衔接答辩实务问题

（1）复议前置与自由选择的问题

在实务中，复议前置与自由选择的问题常常引发争议。复议前置要求当事人在提起行政诉讼前必须先经过行政复议，这在一定程度上限制了当事人的诉权。而自由选择则允许当事人直接提起行政诉讼，无须经过行政复议。这两种模式的选择，需要根据具体的法律法规和案件情况来判断。

（2）复议改变与原行政行为的关系问题

当行政复议机关改变了原行政行为时，如何处理复议改变与原行政行为的关系，是实务中的一个重要问题。人民法院在审理行政诉讼案件时，需要对复议案件进行审查，并判断其是否合法。同时，还需要考虑复议改变对原行政行为的影响，以及两者之间的逻辑关系。

（3）证据与事实认定的问题

在行政复议和行政诉讼过程中，证据与事实认定是核心环节。当事人需要充分收集和整理证据材料，以证明自己的主张。行政复议机关和人民法院也需要依法对证据进行审查，并作出事实认定。然而，在实务中，由于证据收集不全、证据真实性存疑等问题，往往给事实认定带来困难。

（4）时效性和程序性要求的问题

行政复议和行政诉讼都有严格的时效性和程序性要求。当事人需要在法定期限内提出申请，并遵守相关的程序规定。然而，在实务中，由于当事人对法律程序不熟悉或疏忽大意等原因，往往导致错过申请期限或违反程序规定的情况发生。这不仅影响了当事人的权益保障，也给行政复议和行政诉讼的衔接带来困难。

（5）行政复议与行政诉讼的协调与配合问题

行政复议和行政诉讼是解决行政争议的两个重要途径，它们之间需要协调与配合，以确保当事人的权益得到及时、有效的保障。然而，在实务中，由于行政复议机关和人民法院在职能定位、审查标准等方面存在差异，往往导致两者在衔接上出现问题。因此，需要加强行政复议机关和人民法院之间的沟通与协作，共同推动行政争议的解决。

综上所述，行政复议与行政诉讼衔接的实务问题涉及多个方面，需要当事人、行政复议机关和人民法院共同努力解决。通过加强制度建设、提升队伍素质、强化监督与制约等措施，可以不断完善行政复议与行政诉讼的衔接机制，提高行政争议的解决效率和质量。

2）行政复议与行政诉讼衔接答辩衔接原则

（1）司法最终原则。在行政复议与行政诉讼的衔接中，应坚持司法最终原则，即当事人对行政复议决定不服的，有权依法向人民法院提起诉讼，人民法院的裁判具有最终效力。

（2）有限审查原则。人民法院在行政诉讼中对行政行为的审查是有限的，主要审查行政行为的合法性，而不涉及行政行为的合理性或适当性。因此，在行政复议与行政诉讼的衔接中，应明确各自的审查范围和重点。

（3）效率与公正并重原则。在处理行政复议与行政诉讼衔接问题时，应兼顾效率和公正，既要确保案件得到及时处理，又要保障当事人的合法权益得到充分保障。

6.2.2　实务研究

1）裁判规则梳理

（1）《行政诉讼法》第四十四条[①]和第四十五条[②]作出规定，具体内容如下：公民、法人或其他组织在面对属于法院受理范围的行政争议时，有两种途径可以选择。首先，他们可以选择先向相关的行政机关提出复议申请，如果对复议结果不满意，再进一步向法院提起诉讼。其次，他们也可以选择直接向法院提起诉讼，而无须经过复议程序。但需要注意的是，如果法律或法规有特别规定，要求必须先向行政机关申请复议，对复议结果不满后才能提起诉讼的，那么就必须按照这些法律或法规的规定来执行。进一步来说，如果公民、法人或其他组织对复议决定感到不满，他们有权在收到复议决定书之后的十五日内向法院提起诉讼。如果复议机关在规定的时间内没有作出任何决定，那么申请人同样可以在这个期限结束后向法院提起诉讼。

（2）《行政复议法》（2024年1月1日）第二十三条第一款行政复议前置规定，具体内容如下：①对当场作出的行政处罚决定不服。《行政复议法》增加了一种情形，即针对某些可以当场作出的行政处罚决定，如警告、对公民处以二百元以下罚款、对法人或其他组织处以三千元以下罚款等。这些处罚决定的法律依据包括《中华人民共和国行政处罚法》第五十一条、《中华人民共和国治安管理处罚法》第一百条以及《中华人民共和国道路交通安全法》第一百零七条等。在判断这类行政行为是否需要复议前置时，可以从两个标准出发。一是程序上，如果具体行政行为是现场立即作出的，且对应的法律文书上明确载明适用简易程序，如道路交通安全违法行为的行政处罚决定，那么这类案件通常不需要复议前置。二是从处罚结论内容上看，如果处罚内容为警告或罚款（公民罚款二百元以下，法人或其他组织罚款三千元以下），也符合当场

---

①　《行政诉讼法》第四十四条："对属于人民法院受案范围的行政案件，公民、法人或者其他组织可以先向行政机关申请复议，对复议决定不服的，再向人民法院提起诉讼；也可以直接向人民法院提起诉讼。法律、法规规定应当先向行政机关申请复议，对复议决定不服再向人民法院提起诉讼的，依照法律、法规的规定。"
②　《行政诉讼法》第四十五条："公民、法人或者其他组织不服复议决定的，可以在收到复议决定书之日起十五日内向人民法院提起诉讼。复议机关逾期不作决定的，申请人可以在复议期满之日起十五日内向人民法院提起诉讼。法律另有规定的除外。"

作出行政处罚决定的情形。《行政复议法》第五十三条规定，对于当场作出的行政处罚决定，可以适用简易程序进行审理。在简易程序下，行政复议机构应在受理行政复议申请之日起三日内将申请书副本或申请笔录复印件发送给被申请人。被申请人则需在收到这些文件后五日内提出书面答复，并提交作出行政行为的证据、依据和其他相关材料。适用简易程序的行政复议案件可以书面审理，且行政复议机关应在受理申请之日起三十日内作出行政复议决定。这样的规定旨在提高行政复议的效率，确保当事人的权益得到及时保障。②对行政机关作出的侵犯其已经依法取得的自然资源的所有权或者使用权的决定不服。在《行政复议法》（2017修正版）中，第三十条明确规定了复议前置的特定情形，主要涉及自然资源权属纠纷的行政裁决案件。在新复议法的修订中，为了简化条文，不再详细列举自然资源的具体范畴，而在《行政复议法》（2017版）第三十条及《行政诉讼法》第二十条中，已明确将土地、矿藏、水流、森林、山岭、草原、荒地、滩涂、海域等资源纳入自然资源的范畴。需要注意的是，这类复议前置案件特指政府对自然资源权属争议作出的确权处理决定，例如行政机关对土地权属争议的处理决定或乡级以上人民政府作出的土地确权决定。然而，对于涉及自然资源权属证书的颁发，或对自然资源所有权、使用权的行政处罚、行政强制措施、行政强制执行等行为，并不属于此类复议前置案件的范畴。这样的规定有助于明确行政复议的适用范围，提高行政争议的解决效率。③认为行政机关存在本法第十一条规定的未履行法定职责情形。《行政复议法》中增加了一项重要规定，主要针对行政机关的不作为行为。这一规定不仅充分展现了行政复议在监督行政权力方面的功能，还有助于从源头上化解行政纠纷，维护公民的合法权益。结合《行政复议法》第十一条所规定的行政复议范围，这一新增内容几乎涵盖了所有行政机关不作为的情形，预计将显著增加复议案件的数量。在新复议法实施后，若当事人认为行政机关存在不作为行为，应首先通过行政复议这一前置救济途径寻求解决，而不能直接向法院提起行政诉讼。这样的制度安排旨在确保行政争议得到更为公正、高效的解决，同时强化行政复议在行政法治体系中的地位和作用。④申请政府信息公开，行政机关不予公开。该项规定是《行政复议法》在修订过程中新增的情形，它涉及政府信息公开申请的处理方式。根据《政府信息公开条例》第三十六条的规定，行政机关在收到政府信息公开申请后，其答复内容涵盖了多种可能性：若信息已主动公开，会告知申请人获取方式；若决定公开信息，会依程序进行；若决定不予公开，会说明理由；若信息不存在或不属于本行政机关负责公开，也会及时告知；对于重复申请的情况，将不予重复处理；此外，若有关法律、行政法规对信息的获取有特别规定，行政机关会告知申请人依照相应法律、行政法规的规定办理。在这些答复方式中，仅当行政机关决定不予公开信息时，该决定属于应当进行复议前置的情形，即申请人需先通过行政复议程序寻求救济，而不能直接提起行政诉讼。这样的规定有助于确保政府信息公开的合法性和公正性，同时也为申请人提供了明确的救济途径。⑤法律、行政法规规定应当先向行政复议机关申请行政复议的其他情形。根据现行法律法规的规定，以下是一些常见的应复议前置的情形：第一，根据《行政复议法》第十四条规定，如果个人或组织对国务院部门或省、自治区、直辖市人民政府的行政行为感到不满，他们必须首先向作出该行政行为的机关申请行政复议。如果复议结果仍不能满足其要求，他们可以选择向人民法院提起诉讼，或者向国务院申请作出最终裁决。第二，根据《行政复议法》第三十条规定，当个人或组织认为行政机关侵犯了其土地、矿藏等自然资源的所有权或使用权时，必须先进行行政复议。对复议结果不满的，才可以向法院提起诉讼。第三，根据《税收征收管理法》第八十八条和《税务行政复议规则》第三十三条规定，纳税人在与税务机关发生争议时，必须先按税务机关的决定缴纳税款和滞纳金，或提供相应担保，然后才能申请行政复议。对复议决定不服的，可以向法院起诉。第四，根据《海关法》第六十四条规定，当纳税人与海关发生纳税争议时，他们应首先缴纳税款，并有权申请行政复议。如果对复议决定不服，可以向法院提起诉讼。第五，根据《商标法》第三十四条规定，商标注册申请人如果对商标局的驳回决定不满，可以向商标评审委员会申请复审。对复审决定仍不满的，可以向法院起诉。第六，根据《专利法》第四十一条和第四十六条规定，专利申请人如果对国务院专利行政部门的驳回决定或无效宣告决定不满，可以请求复审或向法院起诉。第七，根据《审计法实施条例》第五十二条规定，被审计单位对审计机关的审计决定不服的，可以提请本级人民政府进行裁决，该裁决为最终决定。第八，根据《价格违法行为行政处罚规定》第二十条规定，经营者对政府价格主管部门的处罚决定不满时，必须先申请行政复议，然后才能向法院提起诉讼。第九，根据《企业法人登记管理条例》第三十一条规定，企业法人对登记主管机关的处罚不满时，可以向上一级登记主管机关申请复议。对复议决定不服的，可以向法院起诉。第十，根据《社会保险费征缴暂行条例》第二十五条规定，缴费单位和个人对劳动保障行政部门或税务机关的处罚决定不服的，可以申请复议或提起诉讼。第十一，根据《中华人民共和国集会游行示威法》第三十一条规定，当事人对公安机关的拘留处罚决定不满的，可以向上一级公安机关申诉，对申诉结果不满的，可以向法院提起诉讼。第十二，根据《中华人民共和国出境入境管理法》第六十四条规定，外国人对继续盘问、拘留审查等决定不满的，可以申请行政复议，该复议决定为最终决定。第十三，根据《中华人民共和国注册会计师法》的相关规定，如果申请人对注册会计师协会的不予注册或被撤销注册的决定有异议，可以向相关财政部门申请复议。第十四，根据《中华人民共和国电影产业促进法》第五十八条规定，当电影产业相关方面对不准予电影公映的决定不服时，可以复议前置。

2）现行司法解释

《适用解释》第五十六条①至第五十九条②对行政复议与行政诉讼衔接进行规定，具体内容如下：

（1）根据《适用解释》第五十六条的规定，有些法律或法规规定，在提起诉讼之前，必须先申请行政复议。如果某人没有先申请复议就直

---

① 《最高人民法院关于适用〈中华人民共和国行政诉讼法〉的解释》第五十六条："法律、法规规定应当先申请复议，公民、法人或者其他组织未申请复议直接提起诉讼的，人民法院裁定不予立案。依照行政诉讼法第四十五条的规定，复议机关不受理复议申请或者在法定期限内不作出复议决定，公民、法人或者其他组织不服，依法向人民法院提起诉讼的，人民法院应当依法立案。"

② 《最高人民法院关于适用〈中华人民共和国行政诉讼法〉的解释》第五十七条："法律、法规未规定行政复议为提起行政诉讼必经程序，公民、法人或者其他组织既提起诉讼又申请行政复议的，由先立案的机关管辖；同时立案的，由公民、法人或者其他组织选择。公民、法人或者其他组织已经申请行政复议，在法定复议期间内又向人民法院提起诉讼的，人民法院裁定不予立案。"

接去法院起诉，法院将不会受理这个案件。但是，如果某人申请了复议，复议机关却没有受理或者在规定时间内没有作出决定，那么这个人就可以直接去法院起诉，法院应当受理。比如，假设某市民因为交通违规被罚款，他认为自己并没有违规，于是直接向法院提起诉讼。但是，根据相关法律法规，这类案件需要先进行行政复议。因此，法院会依据第五十六条的规定，裁定不予立案，并告知该市民应先申请行政复议。

（2）根据《适用解释》第五十七条的规定，有些法律或法规并没有规定必须先申请行政复议才能提起诉讼。在这种情况下，如果某人同时申请了复议和提起了诉讼，那么由最先开始处理案件的机关来管辖。如果两者同时开始处理，那么由申请人自己选择。但是，如果某人在法定的复议期间内已经申请了行政复议，但又去法院提起了诉讼，那么法院将不会受理这个案件。比如，某企业因为环保问题被政府罚款，该企业既申请了行政复议又提起了行政诉讼。此时，如果行政复议机关和法院都同时受理了此案，那么根据第五十七条的规定，该企业可以选择由哪个机关来管辖此案。

（3）根据《适用解释》第五十八条的规定，对于那些法律或法规没有规定必须先申请行政复议才能提起诉讼的案件，如果某人向复议机关申请了复议，但后来又撤回了复议申请，并在法定的起诉期限内对原行政行为提起了诉讼，那么法院应当依法受理这个案件。比如，某公民因为土地征收问题与政府发生纠纷，他首先向复议机关申请了行政复议，但后来又撤回了复议申请，并在法定的起诉期限内对原行政行为提起了诉讼。此时，法院会依据第五十八条的规定，依法立案审理此案。

（4）根据《适用解释》第五十九条的规定，如果某人向复议机关申请了行政复议，复议机关维持了原行政行为（即没有改变原决定），那么这个人可以选择将复议机关和原行为机关一起告上法院。此时，起诉的期限将从复议决定送达的时间开始计算。比如：假设某公民因为房屋拆迁问题与政府发生纠纷，他向复议机关申请了行政复议，但复议机关维持了原行政行为。此时，该公民可以选择将复议机关和原行为机关一起告上法院。法院在受理此案时，会根据第五十九条的规定来确定起诉期限和共同被告的问题。

3）裁判观点

观点一：对于明显由信访事项引发、明显不属于行政复议受理范围的复议申请，行政复议机关作出不予受理复议申请等类似决定的，依法也不属于行政诉讼受案范围。

——韩某舟等 10 人诉江苏省人民政府不履行法定职责案（（2017）最高法行申 236 号）

观点二：行政机关对信访事项作出的处理，不属于行政复议受理范围。

——徐某娥诉浙江省杭州市西湖区人民政府行政复议案（（2016）最高法行申 304 号）

观点三：行政机关为作出行政行为而实施内部批转文件行为，通常不直接设定行政法上的权利义务关系，不属于行政复议受理范围。

——邱某金等 4 人诉重庆市人民政府行政复议案（（2016）最高法行申 90 号）

观点四：要求上级行政机关基于内部层级监督关系履行对下级行政机关执法检查、督促履行等监督职责的，不属于行政复议受理范围。

——杨某胜诉安徽省人民政府不依法履行行政复议职责案（（2016）最高法行申 416 号）

观点五：行政复议申请材料不齐全或者表述不清楚的，行政复议机关可以要求申请人补正，申请人无正当理由逾期不补正的，行政复议机关可以决定不予受理。

——张某成诉中华人民共和国住房和城乡建设部行政复函案（（2016）最高法行申 358 号）

观点六：行政复议机关未以书面形式作出不予受理决定且不予受理结果合法的，人民法院可以在裁判理由中予以指正而不判决确认违法。

——范某友诉重庆市人民政府行政告知案（（2016）最高法行申 450 号）

观点七：行政机关对明显不符合行政复议法规定行政复议受理条件的复议申请，可以依法视具体情形作出相应处理。

——杨某全诉山东省人民政府行政复议案（（2016）最高法行申

2981号）

观点八：根据《行政复议法》《行政诉讼法》有关"一级行政复议制度"的规定，公民、法人或者其他组织对行政复议决定不服的，可以依法提起行政诉讼以寻求救济，但不能向复议机关的上级机关继续申请复议。

——吴某让诉山东省人民政府行政复议案（（2016）最高法行申197号）

观点九：行政争议尚处于行政复议审理期间而复议申请人又提起行政诉讼的，人民法院可以依法裁定驳回。

——张某诉上海市人民政府不履行行政复议职责案（（2016）最高法行申1859号）

观点十：当事人因正在进行民事诉讼而未及时提出相应行政复议申请的复议机关不宜径行作出不予受理决定，而宜结合具体情形作出相应处理。

——岳某忠诉北京市海淀区人民政府行政复议决定案（（2016）最高法行申90号）

观点十一：复议决定维持原行政行为的，当事人不能单独起诉复议决定，复议机关相应也不单独承担相应的行政赔偿责任。

——王某兰诉安徽省砀山县人民政府行政复议、行政赔偿案（（2016）最高法行赔申340号）

观点十二：复议决定维持原行政行为的，作出原行政行为的行政机关和复议机关是共同被告；当事人可以在收到复议决定书之日起十五日内向人民法院提起行政诉讼。

——周某华诉海安县人民政府、南通市人民政府征收补偿决定及复行决定案（（2017）最高法行申2620号）

观点十三：对复议机关程序性驳回复议申请决定不服提起行政诉讼的，复议机关与作出原行政行为的机关不是共同被告，当事人不能同时诉复议行为和原行政行为。

——张某功诉南通市人民政府、江苏省人民政府房屋行政补偿及行政复议案（（2017）最高法行申4311号）

观点十四：信访工作机构处理信访事项的行为，不属于行政复议受理范围和行政诉讼受案范围。

——孙某军诉江苏省人民政府行政复议决定案（（2017）最高法行申255号）

观点十五：以举报下级行政机关违法等形式要求上级行政机关履行执法检查督促履职等内部层级监督职责的，通常不属于行政复议受理范围和行政诉讼受案范围。

——无锡梦巴黎家具城诉江苏省人民政府政府信息公开及行政复议案（（2017）最高法行申6447号）

观点十六：行政复议申请人错列被申请人经复议机关释明并补正材料后，仍不能明确被申请人的，复议机关可以作出不予受理决定。

——毛某华、上海沉毅玻璃制品有限公司诉上海市人民政府行政复议不予受理案（（2017）最高法行申141号）

观点十七：当事人申请行政复议要求行政机关承担行政赔偿责任，既不能明确赔偿项目的构成，也无法提供证据证明相应的具体损害后果和赔偿范围的，行政复议机关可以决定驳回行政复议申请。

——张某尧、吴某先诉浦江县人民政府行政复议案（（2017）最高法行申7979号）

6.3 实战经验

行政相对人在选择是否进行行政复议和行政诉讼时，应当了解自己的权利和义务，根据实际情况和需求进行权衡和选择。同时，行政机关和人民法院也应当依法履行职责，保障行政相对人的合法权益。

6.3.1 行政复议与行政诉讼的衔接识别判断

1）受理范围

行政复议与行政诉讼的受理范围大致相同，但也有一些细微的差别。行政复议的范围相对更广，包括一些行政诉讼不受理的事项，如行政机关对民事纠纷作出的调解、仲裁决定等。而行政诉讼则主要受理公民、法人或其他组织因行政行为造成的权益受损而提起的诉讼。

2）审查对象

行政复议的审查对象主要是具体行政行为的合法性和合理性，而行政诉讼的审查对象主要是具体行政行为的合法性。也就是说，行政复议可以对行政行为的合理性进行审查，而行政诉讼则主要对行政行为的合法性进行审查。

3）审查标准

行政复议与行政诉讼的审查标准也有所不同。行政复议主要依据《行政复议法》进行审查，注重行政行为的合法性和合理性。而行政诉讼则主要依据《行政诉讼法》进行审查，注重行政行为的合法性。

（1）处理方式：行政复议与行政诉讼的处理方式也有所不同。行政复议采取的是复议机关对原行政行为进行审查并作出复议决定的方式，复议决定具有法律效力。而行政诉讼则采取的是法院对行政行为进行审查并作出判决的方式，判决具有强制执行力。

（2）衔接机制：为了保障行政复议与行政诉讼的有效衔接，我国建立了相应的衔接机制。例如，当事人在对行政复议决定不服的情况下，可以向人民法院提起行政诉讼；同时，人民法院在审理行政诉讼案件时，也可以对行政复议决定进行审查。这些机制确保了行政复议与行政诉讼之间的顺畅衔接，为公民、法人或其他组织提供了有效的权利救济途径。

总之，行政复议与行政诉讼在受理范围、审查对象、审查标准、处理方式以及衔接机制等方面都存在一定的差异和衔接。这些差异和衔接共同构成了我国行政争议解决体系的重要组成部分，为公民、法人或其他组织提供了多种救济途径和选择。

4）对于未经行政复议前置的案件答辩

答辩主要围绕案件的事实、证据和法律适用进行。以下是一些建议：

（1）明确案件性质：需要明确案件是否属于必须经过行政复议前置的情形。如果并非必须经过行政复议，可以直接向人民法院提起诉讼。

（2）充分准备证据：在答辩过程中，需要充分准备证据来证明案件的事实和自己的主张。证据包括书证、物证、证人证言等，要确保证据的真实性、合法性和关联性。

（3）阐述事实和理由：在答辩状中，要详细阐述案件的事实和理由，包括对案件事实的认定、对法律适用的理解等。同时，要针对对方的诉讼请求进行反驳，提出自己的主张和观点。

（4）注意法律适用：在答辩过程中，要注意法律适用的问题。要根据案件的性质和法律规定，选择适当的法律依据进行答辩。同时，要对法律依据进行解释和说明，以便法院能够更好地理解自己的观点。

（5）注意答辩技巧：在答辩过程中，要注意答辩技巧的运用。要言简意赅地表达自己的观点，避免冗长和啰唆。同时，要注意语气和态度，保持冷静和客观，避免情绪化和攻击性。

总之，对于未经行政复议前置的案件，答辩需要充分准备证据，阐述事实和理由，注意法律适用和答辩技巧的运用。同时，要遵守法庭纪律，尊重法官和对方当事人的权利，确保答辩过程的顺利进行。

6.3.2 实战案例

案例：王某诉某市公安局某分局、某市人民政府行政行为一案，答辩人不同意被答辩人的诉讼请求，请求法院依法予以驳回。具体事实和理由如下：被答辩人已经超过起诉期限，人民法院应依法驳回被答辩人起诉。根据《行政诉讼法》第四十五条："公民、法人或者其他组织不服复议决定的，可以在收到复议决定书之日起十五日内向人民法院提起诉讼。复议机关逾期不作决定的，申请人可以在复议期满之日起十五日内向人民法院提起诉讼。法律另有规定的除外。"的规定，答辩人于2023年9月7日作出案涉行政复议决定，于2023年9月8日送达，被答辩人于2023年10月10日向人民法院提起诉讼，被答辩人已经超过15天的起诉期限，人民法院应依法驳回被答辩人起诉。

综上所述，通过实际案例分析可以发现，行政复议和行政诉讼衔接答辩的成功与否往往取决于当事人在各个环节的准备充分程度和应变能力。研究行政复议和行政诉讼的衔接答辩问题对于完善我国法律体系、保护当事人合法权益以及促进依法行政具有重要意义。

第2部分　特殊类型案件答辩

7 具有代表性的特殊类型案件答辩

7.1 行政协议类案件答辩

行政协议作为现代行政管理的重要手段之一，已广泛应用于各个领域。然而，随着行政协议数量的增加，相关争议和纠纷也逐渐增多，这就需要对行政协议案件的实务进行深入分析和研究，以期为解决行政协议争议提供有效的法律支持和指导。

7.1.1 行政协议案件实务分析与研究

行政协议是行政机关为实现行政管理目标或公共利益，与行政相对人协商一致后签订的具有行政法上权利义务关系的协议。随着政府职能的转变和公共治理方式的创新，行政协议在行政管理领域的应用越来越广泛。然而，由于行政协议的复杂性和特殊性，相关案件在实务中往往面临诸多疑难问题。

1）行政协议案件的实务特点

（1）案件类型多样化。行政协议案件涉及多个领域，如土地征收、房屋拆迁、政府特许经营等。不同类型的案件具有不同的特点和难点，需要有针对性地进行分析和处理。

（2）法律关系复杂。行政协议涉及行政机关与行政相对人之间的权利义务关系，同时还可能涉及第三方利益。这使得行政协议案件的法律关系变得复杂，需要仔细梳理和分析。

（3）争议焦点多元化。行政协议案件的争议焦点往往涉及协议的合法性、有效性、履行方式等多个方面。这使得案件的审理变得复杂，需要全面考虑各种因素。

2）行政协议案件的实务分析

（1）主体要件分析。在行政协议案件中，首先需要确定协议的主体是否适格。行政机关作为协议的一方，必须具备相应的行政职权和职责。行政相对人则需要具备相应的民事行为能力和权利能力。

（2）目的要件分析。行政协议的目的是实现行政管理目标或公共利益。在实务中，需要审查协议的目的是否合法、合理，是否符合法律法规的规定和公共利益的要求。

（3）职责要件分析。行政机关在签订行政协议时，必须在其法定职责范围内行使职权。在实务中，需要审查行政机关是否超越职权或滥用职权，是否违反了法律法规的规定。

（4）内容要件分析。行政协议的内容必须明确、具体，符合法律法规的规定和公共利益的要求。在实务中，需要审查协议的内容是否合法、有效，是否存在损害国家利益、社会公共利益或他人合法权益的情形。

7.1.2　裁判规则梳理

1）法律规定

《行政诉讼法》第十二条第十一款[①]：认为行政机关不依法履行、

[①] 《中华人民共和国行政诉讼法》第十二条第十一款：认为行政机关不依法履行、未按照约定履行或者违法变更、解除政府特许经营协议、土地房屋征收补偿协议等协议的。

未按照约定履行或者违法变更、解除政府特许经营协议、土地房屋征收补偿协议等协议的。

2）司法解释

《最高人民法院关于审理行政协议案件若干问题的规定》（以下简称《规定》）中相关条款的表述：

（1）关于行政协议的定义与范围

《规定》明确了行政协议的范围。其中第二条规定，公民、法人或其他组织就政府特许经营协议、土地、房屋等征收征用补偿协议、矿业权等国有自然资源使用权出让协议、政府投资的保障性住房的租赁、买卖等协议以及符合规定的其他政府与社会资本合作协议提起行政诉讼的，人民法院应当依法受理。这些都被视为行政协议。同时，第三条规定了不属于行政协议的情形，包括行政机关之间因公务协助等事由而订立的协议，以及行政机关与其工作人员订立的劳动人事协议。这些协议不属于人民法院行政诉讼的受案范围。

（2）关于人民法院审理行政协议案件的规则

规定一：管辖与受理：《规定》第四条指出，因行政协议的订立、履行、变更、终止等发生纠纷，公民、法人或其他组织可以行政机关为被告提起行政诉讼。如果行政机关委托的组织订立的行政协议发生纠纷，委托的行政机关是被告。同时，第五条明确了与行政协议有利害关系的公民、法人或其他组织提起行政诉讼的情形。

规定二：反诉与举证：《规定》第六条明确了被告在行政协议案件中提起反诉的，人民法院不予准许。在举证责任方面，第十条规定了被告和原告在不同情况下的举证责任。

规定三：合法性审查与判决：《规定》第十一条强调，人民法院在审理行政协议案件时，应当对行政机关的行为进行合法性审查。第十二条至第十五条则详细规定了行政协议无效、被撤销或确定不发生效力后的处理方式和责任承担。

规定四：变更、解除与履行抗辩：《规定》第十六条至第二十一条分别规定了行政机关变更、解除行政协议的情形和责任承担，以及原告在特定情况下履行抗辩权。

规定五：调解与强制执行：《规定》第二十三条指出，人民法院在审理行政协议案件时可以依法进行调解。第二十四条则规定了行政机关在特定情况下可以向人民法院申请强制执行的权利。

规定六：诉讼时效与仲裁条款：《规定》第二十五条明确了行政协议案件的诉讼时效和起诉期限的确定方式。第二十六条则规定，行政协议中约定的仲裁条款无效，除非法律、行政法规或我国缔结、参加的国际条约另有规定。

规定七：法律适用：《规定》第二十七条强调，在审理行政协议案件时，应当优先适用《行政诉讼法》的规定；若《行政诉讼法》没有规定，则可以参照适用《民事诉讼法》的规定。同时，也可以参照适用民事法律规范关于民事合同的相关规定。

3）裁判观点

观点一：行政协议未约定违约责任，行政机关应承担违约责任。

问题：行政协议未约定逾期履行的违约责任，而行政机关未按期履行协议的情形下，行政机关是否应承担违约责任？

法官会议意见：行政机关与相对人签订行政协议后，应当遵循诚信原则按照协议约定全面履行义务，未按照约定期限履行义务的，即构成违约，应当承担违约责任，行政协议中未约定违约责任并不能成为行政机关不承担违约责任的理由。

观点二：行政机关单方面变更、解除行政协议应进行行为合法性审查。

问题：协议履行过程中，行政机关以决定形式单方变更、解除行政协议，相对人提起履约之诉，是否应在履约之诉一案中一并对该行政机关单方变更、解除行政协议行为的合法性进行审查？

法官会议意见：在行政机关以决定形式单方变更、解除协议的情况下应根据当事人不同的诉讼请求，明确不同的诉讼类型，确定审理对象。如果当事人对于行政机关变更、解除行政协议的行为提起诉讼，是行为之诉，当事人可以请求判决行政机关变更、解除行政协议的行为，也可以请求确认行政行为违法。如果当事人请求判决行政机关依法履行或按照协议约定履行义务，请求判决行政机关赔偿或者是履约之诉。作为协议主体的行政机关以决定形式变更、解除行政协议，应当视为否定协议效力的行为，人民法院应当在履约之诉一案中同时对于该决定的合法性进行审查，而不应以有生效行政决定改变原协议为由驳回诉讼请求，也不应指导当事人对于单方变更、解除协议的决定另行提起诉讼从而裁定驳回起诉。

观点三：行政机关可以基于公共利益的需要单方变更解除行政协议。

——再审申请人甲县政府与被申请人冯某某履行拆迁补偿安置协议案

行政协议订立后，在履行过程中出现严重损害国家利益、社会公共利益情形的，行政机关可以依据行政优益权，单方变更、解除行政协议。行政相对人请求继续履行行政协议的，人民法院应当对行政协议的合法性及变更、解除行政协议行为的合法性进行审查，依法作出裁判。

观点四：行政协议具有两面性。

——范凯诉太和县城关镇人民政府、太和县人民政府行政协议一案

首先，行政协议具有两面性，既有作为行政管理方式行政性的一面，也有作为公私合意产物"合同性"的一面。故行政协议既是一种行政行为，具有行政行为的属性；又是一种合同，体现合同制度的一般特征。因此，对于行政协议无效的判断，既适用《行政诉讼法》关于无效行政行为的规定，同时也适用民事法律规范中关于合同无效的规定。其次，行政权力可以委托，如果没有法律、法规的禁止性规定，也没有专业性方面的特殊要求，行政机关可以将某一事项的部分或全部委托给其他行政机关、下级行政机关乃至私人组织具体实施。涉及国家重大利益以及涉及公民重要权利的领域以外的具有给付、服务性质的行政行为，尤其是以协商协议方式实施的行为，更是如此。再次，虽然一般认为，受托主体接受委托后仍应以委托主体的名义实施行为，但只要委托主体不是转嫁责任，对委托予以认可，并能承担法律责任，人民法院可以认定委托关系成立。虽然《行政诉讼法》第二十六条第五款规定，"行政机关委托的组织所作的行政行为，委托的行政机关是被告"，但如果行政机关委托的组织参加诉讼更便于查清案件事实，人民法院可以允许其

以共同被告或者第三人的身份参加诉讼。受托主体的诉讼参加并不可能对原告的权利义务产生不利影响，因此不能认定为违反法定程序的情形。最后，请求审查规范性文件的合法性是一种附带请求，一方面限于被诉行政行为所依据的规范性文件，另一方面应当在提起行政诉讼时就一并提出附带审查的请求，即使有正当理由，也应在一审法庭调查结束之前提出。

观点五：行政优益权的准确含义。

——湖北草本工房饮料有限公司诉荆州经济技术开发区管理委员会、荆州市人民政府行政协议纠纷一案

首先，行政协议虽然与行政机关单方作出的行政行为一样，都是为了实现公共利益或者行政管理目标，但与单方行政行为不同的是，它是一种双方行为，是行政机关和行政相对人通过平等协商，以协议方式设立、变更或者消灭某种行政法上的权利义务的行为。行政协议既保留了行政行为的属性，又采用了合同的方式由这种双重混合特征所决定，一方面，行政机关应当与协议相对方平等协商订立协议；协议一旦订立，双方都要依照协议的约定履行各自的义务；当出现纠纷时也要首先根据协议的约定在《民法典》的框架内主张权利。另一方面，"协商订立"不代表行政相对人与行政机关是一种完全平等的法律关系。法律虽然允许行政机关与行政相对人缔结协议，但仍应坚持依法行政，不能借由行政协议扩大法定的活动空间。法律也允许行政机关享有一定的行政优益权，当继续履行协议会影响公共利益或者行政管理目标实现时，行政机关可以单方变更、解除行政协议，不必经过双方的意思一致。其次，行政机关既然选择以缔结行政协议的方式"替代"单方行政行为，则应于缔结协议后，切实避免再以单方行政行为径令协议相对方无条件接受权利义务变动。如果出尔反尔，不仅显失公平，亦违背双方当初以行政协议而不是单方行为来形塑当事人之间法律关系的合意基础。固然，基于行政协议和行政管理的公共利益目的，应当赋予行政机关一定的单方变更权或解除权，但这种行政优益权行使，通常须受到严格限制。①必须是为了防止或除去对公共利益的重大危害；②当作出单方调整或者单方解除时，应当对公共利益的具体情形作出释明；③单方调整须符合比例

原则，将由此带来的副作用降到最低；④应当对相对人由此造成的损失依法或者依约给予相应补偿。尤为关键的是，行政优益权是行政机关在《中华人民共和国合同法》（以下简称《合同法》）的框架之外作出的单方处置，也就是说，行政协议本来能够依照约定继续履行，只是出于公共利益考虑才人为地予以变更或解除。如果是因为相对方违约致使合同目的不能实现，行政机关完全可以依照《中华人民共和国民法典》的规定或者合同的约定采取相应的措施，尚无行使行政优益权的必要。

观点六：行政协议的认定标准与第三人效力。

——黄石市明灯食品厂诉大冶市人民政府、大冶市金山店镇人民政府不履行法定职责一案

首先，一个协议，到底属于行政协议，还是属于民事合同，有时的确较难判断。但通说认为，协议的属性应由协议本身客观判断，协议当事人的主观意思并不能作为判断标准。认定行政协议的客观标准应当包括以下三个方面：第一，协议的一方当事人是行政机关；第二，协议的内容涉及行政法上的权利义务；第三，协议的目的是为实现公共利益或者行政管理目标。其次，民事合同原则上仅具有相对效力，其权利义务关系仅可约束合同双方当事人。行政协议既采取民事合同之形式，合同相对性原则亦应遵循。但行政协议之所以属于"行政"，自有其不同于民事合同之处。当行政协议属于补充或者替代诸如征收拆迁这样的单方强制权行为，当行政协议具有针对诸如竞争者、邻人等第三方的效力，则不应简单地以合同相对性原则排除合法权益受到行政协议影响的第三方寻求法律救济。再次，行政协议的功能是为了丰富行政机关的行政手段，增进行政相对方的合作与信任，扩大解决问题的弹性余地，如果法律、法规没有作相反规定，行政机关原则上有权以协议方式活动，但却不能通过协议方式扩大法定的活动空间，使之成为规避依法行政的特殊领地，更不能借此减损行政管理相对人的合法权益与救济权利。最后，要求行政机关履行职责应当有请求权基础，也就是行政机关具备当事人所申请履行的特定职责。这个请求权基础，有可能来自一个行政协议 的约定，但更多情况下来自法律、法规、规章的规定。仅仅基于合同相对性原则就否定行政机关的法定职责，属于认定事实的主要证据

不足。

观点七：行政协议之诉的起诉期限。

——田先啟诉武汉市江夏区人民政府行政协议一案

裁判观点：行政协议虽然仍属于一种行政活动方式，但它却借用了民法合同的方式，行政机关与协议相对人之间虽然本质上不属于平等的民事主体，但却是以平等协商方式订立并履行协议，正是基于这种平等性和双方性，当因为行政协议的订立和履行产生争议时，可以适用不违反行政法和《行政诉讼法》强制性规定的民事法律规范。但行政协议终究不是民事合同，行政机关因公共利益需要或者其他法定理由，可以单方变更、解除协议，这种行政优益权的行使，与传统的单方行政行为并无不同，因此针对行政机关单方变更、解除协议的行为提起诉讼的，仍然适用《行政诉讼法》及其司法解释关于起诉期限的规定。

观点八：行政协议的公益性质本身不能免除行政机关负有的违约赔偿责任，该违约责任的承担可适用《合同法》的相关规定。

——鄂州市泓元置业发展有限公司诉湖北省葛店经济技术开发区管理委员会行政协议一案

在行政协议法律关系中，作为行使行政管理职责的行政机关更应当诚实守信地履行其与公民、法人或者其他组织签订的行政协议，若确因重大政策调整或出于维护公共利益需要而无法继续履行协议的，也应当尽到相应的附随义务，即在合理时间内及时通知协议另一方并说明不能继续履约的理由。此外，也应对因不能继续履约而给协议另一方造成的损失予以补偿或采取补救措施等。对于行政机关无正当理由未依约履行行政协议的，签订协议的另一方请求人民法院判令行政机关承担违约责任，主张赔偿协议按期履行后可获取的经济利益，属于法律规定范围之内的正当诉求，符合《民法典》关于违约责任承担的相关规定，人民法院应予支持。而且，行政协议的公益性质本身也不能免除行政机关应负有的违约赔偿责任。

4）行政协议案件的审查争议

《行政诉讼法》修改后，行政协议争议正式进入行政诉讼的审查范围，必须回应审查模式的选择问题。

（1）余凌云教授认为，《行政诉讼法》修改前采取的是"行为审"模式，将行政协议中类似行政行为的成分提取、析出、审查，这种审查模式在当时具有一定的先进性，但是难以彻底解决行政协议争议。修改后的《行政诉讼法》第十二条第十一项规定的内容为"等协议"，而非"等行为"，表明行政协议诉讼的审查模式有别于传统的"行为审"模式，按法律关系进行审查的"合同审"模式更为可取。余凌云主张，对行政协议的司法审查应当基于法律关系出发作区别审查，行政诉讼和民事诉讼各安其位、各尽所长，可以行政附带民事诉讼为平台，实质化解行政协议争议。

（2）蔡小雪法官认为，审理行政案件和民事案件的区别在于审理对象、审理理念、审理依据、审理内容和判决方式等方面。比如，审理行政案件的重点内容是对行政行为的合法性审查，审理行政案件并不特别着眼于意思自治，而是要关注依法行政，关注全局稳定，审理行政案件不仅仅要关注法律法规的适用，还需要考虑规章、行政规范性文件的适用等。并通过自己所审理过的典型案件谈了对行政协议司法审查的思考。

（3）刘飞教授认为，以行政法学者的视角去看民事审判制度，其存在制度完善和观念转换的空间，但难以直接证成行政审判制度的优越性，即该争议更适宜纳入行政诉讼的范围。合同最根本的依归是合同必须得到履行，行政协议诉讼对行政协议的保护力度应当等同于民事诉讼对民事合同的保护力度，二者不应当有差异。从审理对象上看，行政协议区别于传统行政行为即在于其具有合意性，而我国行政诉讼制度是围绕单方行政行为的合法性而建构，没有设计行政协议诉讼的框架，最高人民法院关于行政协议的司法解释建立了相关行政协议诉讼机制，还需要进一步完善。

（4）赵鹏教授认为，行政协议体现的是两种正当性的交汇。其一是自由权行使的正当性，双方缔结合同预设了国家权力的界限，是对自由意志的保护；其二是政治参与的正当性，要求行政机关依法行政。两种正当性的交汇可能会产生冲突，在多大程度上约束意思自治，多大程度上维护公共利益，是学界、实务界未来需要关注的课题。

7.1.3　实战经验

1）行政协议的答辩和一般民事答辩有什么区别

行政协议的答辩和一般民事答辩在性质、法律依据和答辩重点等方面存在明显的区别。

（1）行政协议的答辩属于行政诉讼的范畴，而民事答辩则属于民事诉讼的范畴。行政诉讼主要解决行政机关与公民、法人或其他组织之间因行政管理产生的纠纷，而民事诉讼则主要解决平等主体之间的民事权利义务纠纷。

（2）行政协议的答辩主要依据行政法律法规和相关政策文件，强调行政行为的合法性和合理性。而民事答辩则主要依据民事法律法规，如《民法典》等，强调民事权利义务的分配和履行。

（3）行政协议的答辩重点在于阐述行政行为的合法性、合理性和必要性，以及行政协议的具体内容和履行情况。民事答辩则重点在于阐述被告对原告诉讼请求的认可和反驳情况，以及被告的民事责任承担情况。

2）被告在行政协议案件中的答辩思路

（1）确认答辩身份与立场

被告需要明确自己在行政协议案件中的身份，是行政机关还是其他相关当事人，并确认自己的答辩立场。这有助于被告在后续的答辩过程中有针对性地阐述观点和提供证据。

（2）梳理案件事实与证据

被告需要仔细梳理案件相关的事实和证据，包括行政协议的签订背景、过程、内容以及履行情况等。同时，被告应收集并整理相关证据，如文件、合同、凭证等，以证明自己在行政协议履行过程中的行为符合法律法规和协议约定。

（3）分析原告诉讼请求与法律依据

被告需要认真分析原告的诉讼请求及其法律依据，针对原告提出的观点和法律问题逐一进行回应和解答。在分析过程中，被告应结合相关法律法规和政策规定，阐述自己对行政协议合法性、有效性以及双方权利义务关系的看法。

（4）阐述己方行为与法律依据

在答辩过程中，被告需要详细阐述自己在行政协议履行过程中的行为及其法律依据。这包括说明己方已经按照约定履行了哪些义务，以及在履行过程中是否存在合法、合理变更或解除协议的情形等。同时，被告应提供充分的证据支持自己的行为主张。

（5）反驳原告观点与证据

针对原告提出的观点和证据，被告需要逐一进行反驳和质证。在反驳过程中，被告可以指出原告观点的不合理之处、证据的瑕疵或不足等，以削弱原告的主张力度。同时，被告也可以提出新的证据或观点来支持自己的答辩意见。

（6）总结答辩意见与请求

最后，在答辩意见中，被告需要总结自己的观点和意见，并明确提出自己的请求。这可以包括请求法院驳回原告的诉讼请求、确认行政协议的效力等。同时，被告也可以就案件的后续处理提出建议或意见。

3）实战案例

案例一：被答辩人某物业管理有限公司诉答辩人某市城市管理局合同纠纷一案。

案件事实："某市污水处理厂是我市第一个由政府直接委托投资建设和运营的城市污水处理特许经营项目，1999年由某环境工程有限公司（以下简称环境公司）投资建设。2000年10月，某环境工程有限公司出资900万元，某环境废油脂处置有限公司出资100万元，设立了某污水处理有限公司。其中，环境公司以涉案土地和房产作价900万元投入污水公司。在污水公司设立的当时，环境公司用地面积8 900平方米未取得土地使用权，工程建筑面积6 545平方米没有取得城乡规划局建设用地规划许可证和建设工程规划许可证。2001年9月，某市人民政府下达《关于向环境工程有限公司出让国有土地使用权的批复》（大政地城字〔2001〕6031号），2001年9月7日，某市城乡规划土地局与环境工程有限公司签订《国有土地使用权出让合同》，土地出让金为7 164 058元免交。2001年10月8日，环境公司取得土地登记。2001

年，污水处理厂开始运营。2003年12月5日，市城建局与污水公司签订《某污水处理有限公司特许经营协议》（以下简称特许协议），特许协议从2001年4月10日起算，有效期为10年。特许协议的第三条第三款约定，市城建局按照国家污水处理BOT相关规范及办法确定污水处理费价格。特许协议第四条约定，经某市投资审核中心审定，工程决算值为人民币2 431.7万元，其中财政基本建设投资700万元，企业自筹资金1 731.7万元。特许协议第二十一条约定，特许经营期满，乙方应将本协议项目下的全部固定资产（含土地）、流动资产及有关工业产权、专业技术等无形资产无偿转让给市城建局。2011年4月9日，特许协议期满，2011年6月启动资产清查核实和移交工作。但是，由于污水公司不是土地登记使用权人，污水公司拒绝移交。截至2017年11月，污水公司仍然未将全部资产移交给市城建局。"

（1）从行政法角度答辩

①本案不属于行政诉讼受案范围。

根据《最高人民法院关于审理行政协议案件若干问题的规定》第二十八条："2015年5月1日后订立的行政协议发生纠纷的，适用《行政诉讼法》及本规定。2015年5月1日前订立的行政协议发生纠纷的，适用当时的法律、行政法规及司法解释。"的规定，本案所涉《特许经营协议》签订时间为2003年12月5日，因此，本案不适用《行政诉讼法》与《最高人民法院关于审理行政协议案件若干问题的规定》的规定。

②被答辩人起诉已经超过起诉期间。

根据《行政诉讼法》第四十六条："公民、法人或者其他组织直接向人民法院提起诉讼的，应当自知道或者应当知道作出行政行为之日起六个月内提出。法律另有规定的除外。因不动产提起诉讼的案件自行政行为作出之日起超过二十年，其他案件自行政行为作出之日起超过五年提起诉讼的，人民法院不予受理。"和第四十七条："公民、法人或者其他组织申请行政机关履行保护其人身权、财产权等合法权益的法定职责，行政机关在接到申请之日起两个月内不履行的，公民、法人或者其他组织可以向人民法院提起诉讼。法律法规对行政机关履行职责的期限另有规定的，从其规定。公民、法人或者其他组织在紧急情况下请求行政机关履行保护其人身权、财产权等合法权益的法定职责，行政机关不履行的，提起诉讼不受前款规定期限的限制。"的规定，以及《最高人民法院关于适用〈中华人民共和国行政诉讼法〉的解释》第六十四条："行政机关作出行政行为时，未告知公民、法人或者其他组织起诉期限的，起诉期限从公民、法人或者其他组织知道或者应当知道起诉期限之日起计算，但从知道或者应当知道行政行为内容之日起最长不得超过一年。"的规定，通过被答辩人起诉状看，特许经营终止时间为 2011 年 4 月 11 日，终止特许经营协议终止后，继续运营时间为 2017 年 12 月 22 日。案外人某污水处理厂提起行政诉讼已经超过起诉期间，案外人某污水处理厂不能通过债权转让延续其可以提起行政诉讼的起诉期间。在行政诉讼起诉期间不可转让的事实，被答辩人起诉更超过起诉期间。

③被答辩人不是本案利害关系人，不是适格原告，依法应驳回原告起诉。

根据《行政诉讼法》第四十一条："原告是认为具体行政行为侵犯其合法权益的公民、法人或者其他组织。"和第二十七条："同提起诉讼的具体行政行为有利害关系的其他公民、法人或者其他组织，可以作为第三人申请参加诉讼，或者由人民法院通知参加诉讼。"的规定，原告是行政行为相对人和利害关系人。行政法上法律利害关系是指所诉要求保护的合法权益无须通过其他媒介即受到行政行为的影响，是直接因果关系。由于事物处于普遍联系之中，间接因果关系不能无限地往下延伸，否则行政行为的效力就会无限地扩展，处于一种不稳定的状态。因此，通过其他媒介才发生影响的是间接因果关系，不属于行政法上利害关系人。本案中，被答辩人不能通过债权受让的形式而形成行政法上的利害关系人，成为本案行政诉讼原告。

④答辩人市城管局系 2019 年新成立的单位，不是案涉项目特许经营协议的授权主体和实施主体，不是本案适格被告。

案涉项目系原市城建局于 2003 年与污水公司签署的特许经营协议，而市城管局系 2019 年新成立的单位，两者并非同一主体。

根据 2019 年 2 月 3 日《中共某市委办公室、某市人民政府办公室关于印发〈某市城市管理局职能配置、内设机构和人员编制规定〉的通知》（大委办字〔2019〕59号）文件（以下简称《三定方案》），对市城管局的职责进一步予以明确。根据《三定方案》第三条第（九）项："市城市管理局为我市城市市政基础设施管理（主要指运营、维护）的行政主管部门，某市住房和城乡建设局为我市城市市政基础设施建设（主要指新建、改建、扩建）的行政主管部门，某市市政公用事业服务中心承担相关城市市政基础设施的管理和运营、维护工作；作为建设主体，承担有关城市市政基础设施的建设工作；作为城市市政基础设施特许经营项目的实施主体，经市政府授权，与项目公司签订特许经营协议，履行协议的主体责任，承担特许经营服务质量的考核等工作"之规定，新成立的市城管局承接的是原市城建局负责的城市市政基础设施管理工作，主要指运营、维护工作，而原市城建局的市政基础设施建设行政主管职能，以及市政基础设施建设主体职责，均由市城管局承接，故2019年成立的市城管局没有在原市城建局主体消灭后承接城市建设相关职责，市城管局不是本案适格的被告。

再根据某市人民政府于2019年8月22日下发《关于污水处理厂等17个城市基础设施特许经营项目实施主体授权事宜的批复》（大政〔2019〕84号），某市人民政府同意授权被告二作为污水处理厂等17个城市基础设施特许经营项目的实施主体，代表市政府与项目公司签订特许经营协议，履行协议的主体责任，承接原某市城市建设管理局在17个项目的所有权利、义务和责任，履行相关法律程序。

综上，答辩人市城管局不是案涉项目的授权主体和实施主体，不是本案适格的被告。

（2）从民事角度答辩

①物业公司与案外人污水公司之间的债权转让违反第七十九条第一款和第二款的禁止性规定，债权转让无效。

根据《市政公用事业特许经营管理办法》（2004年开始实施）的第二条、第七条、第十八条的规定，污水处理等市政公用事业的特许经营具有行政许可的特点，不得擅自转让。再根据《中华人民共和国行政许可法》第九条："依法取得的行政许可，除法律法规规定依照法定条件和程序可以转让的外，不得转让。"的规定，特许经营权不得转让，依据特许经营协议所产生特定债权应专属于经审批特许从事特许经营的法人，而不属于一般债权人。因此，本案中，基于原某市城市建设管理局（以下简称"原市城建局"）与案外人污水公司所签订的《某污水处理有限公司特许经营协议》所形成的债权概括移转给一般债权人，突破了特许经营范围之限制，使一般债权人获得特许经营从业者的利益。故该债权转让违反了《中华人民共和国合同法》第七十九条第一款："根据合同性质不得转让"的规定，应属于无效。

另外，根据《特许经营协议》第十九条第十一款："未经甲方批准，乙方不得在本协议期间将特许经营权转让给本协议以外的第三方"的约定，被答辩人转让债权违反了《中华人民共和国合同法》第七十九条第二款："按照当事人约定不得转让"的规定情形。

综上，物业公司与案外人污水公司之间的债权转让违反原《中华人民共和国合同法》第七十九条第一款和第二款的禁止性规定，债权转让无效。

②本案应追加污水处理有限公司为本案的第三人。

原市城建局与案外人某污水处理有限公司签订的《某污水处理有限公司特许经营协议》，与被答辩人没有关系。基于特许经营协议合同性质，债权转让的效力待定。因此，案外人某污水处理有限公司与本案处理结果具有直接利害关系。根据《中华人民共和国民事诉讼法》第五十六条规定，人民法院应追加某污水处理有限公司为本案第三人。

③被答辩人对2011年至2017年之间污水处理费的诉求已超过法定的诉讼时效。

被答辩人称原市城建局与污水公司签订的《某污水处理有限公司特许经营协议》，特许经营期限共10年，自2001年4月10日起计算，上述协议到期后，污水公司处理污水直至2017年12月22日，经催要，原市城建局在2014年4月支付污水处理费500万元。《民法总则》实施前，《中华人民共和国民法通则》第一百三十五条："向人民法院请求保护民事权利的诉讼时效期间为二年，法律另有规定的除外。"《民法总则》实施后，《民法总则》第一百八十八条规定："向人民法院请求保护民事权利的诉讼时效期间为三年。法律另有规定的，依照其规定。"被答辩人诉讼时效自2014年起算至起诉之日止，已经超过三年的诉讼时效。根据《中华人民共和国民法典》第一编第九章第一百八十八条："向人民法院请求保护民事权利的诉讼时效期间为三年。诉讼时效期间自权利人知道或者应当知道权利受到损害以及义务人之日起计算"之规定，案外人污水公司于2017年12月22日终止了污水处理，自2017年12月22日起算至起诉之日已超过三年。显然案外人污水公司对其所主张的权利未在法定诉讼时效期间行使，被答辩人起诉也超过法定的诉讼时效。另外，根据《中华人民共和国民法典》第一百九十五条之规定，依照谁主张谁举证的原则，本案中被答辩人也未举证证明其主张的诉求在2017年12月22日至今的3年多期间中断过，故该诉求已超过诉讼时效。

④虽然答辩人不是本案适格被告，答辩人不同意被答辩人的全部诉讼请求。

第一，被答辩人第一项诉讼请求中所主张的2011年4月至2017年12月之间的污水处理费本金金额是不确定的。

根据《特许经营协议》第三条第四款的约定，2011年4月10日《特许经营协议》期满，2011年4月10日至2017年12月22日期间的污水处理费，原市城建局和污水公司之间的污水处理价格处于不确定状态，双方没有进行最终结算。因此，被答辩人第一项诉讼请求中要求支付的污水处理费本金数额17 553 663.7元，没有事实依据。

第二，被答辩人第二、第三项诉讼请求中关于滞纳金的主张没有事实和法律依据。

滞纳金是一种执行罚，原市城建局履行的是行政监管职责，不是缴纳污水处理费的相对人，而是给予原污水公司污水费的补贴主体，不存在缴纳滞纳金问题。因此，被答辩人的第二、第三项诉讼请求没有事实和法律依据。

第三，污水公司未按照《特许经营协议》第八章的约定，移交全部固定资产，无权主张返还保证金，被答辩人第四项诉讼请求不成立。

根据《特许经营协议》第三条第一款和第二款的约定，原市城建局和污水公司之间特许经营期限已经于2011年届满。根据《特许经营协议》第八章的约定，污水公司应在特许经营期满后将全部资产移交给原市城建局，且保证金的返还期限为本项目移交之后的365天。但是，污水公司至今未移交全部固定资产，继续利用原市城建局全部固定资产予以经营，被答辩人不仅无权请求返还保证金，还应缴纳固定资产占用费，答辩人将建议相关部门主张全部固定资产的占用费，并要求污水公司承担违约责任。

综上，无论从行政法角度还是从民法角度，被答辩人均无原告资格，也均超过起诉期间，原告请求无事实和法律上依据，人民法院依法驳回被答辩人的诉讼请求。

案例二：某管委会对原告供热公司撤销某管委会与甲公司行政协议一案。

案件事实：代理人根据原告"请求撤销被告某开发区管委会与甲公司于2023年7月23日签订的《供热经营协议》。主要理由是：2023年8月5日，原告得知被告与甲公司签订案涉《供热经营协议》。被告违反《中华人民共和国行政许可法》第五条之规定，未遵循公开、公平、公正原则，违反2013年12月3日与原告（乙公司）、丙公司、丁公司共同签订的《某经济开发区南部、北部、西部供热中心项目统一补充协议书》的约定，违反某区政府制定执行的《某区集中供热规划（2015—2030年）》中关于供热区域划分的规定，未经招标、拍卖等程序，擅自将乙公司特许经营的供热范围转让甲公司三十年，侵犯原告权益，故提起本案诉讼。"的诉求，进行研判，具体答辩如下：

（1）案涉《供热经营协议》不是行政协议，不属于行政诉讼受案范围。

参照中华人民共和国最高人民法院（2018）最高法行申3123号《行政裁定书》裁判要旨："行政协议一般包括以下要素：① 协议一方当事人必须是行政主体；② 该行政主体行使的是行政职权；③ 协议目的是为实现社会公共利益或者行政管理目标；④ 协议的主要内容约定的是行政法上的权利义务关系。"

也就是说，行政协议需要具备如下四个要素：①主体要素，即行政协议必须一方当事人为行政机关，另一方为行政相对人。如果双方都是公民、法人或其他组织所订立的协议，或者双方都是行政机关所订立的协议，都不属于行政协议。当然，如果非行政机关的单位受行政机关委托而与相对人所签订的协议，其实质上法律后果由行政机关承担，亦应视为一方当事人为行政机关。《规定》第三条即列举了两种例外情形：行政机关之间因公务协助等事由而订立的协议、行政机关与其工作人员订立的劳动人事协议，不属于行政协议。②目的要素，即行政协议签订的目的必须是为了实现行政管理或者公共服务目标。如《基础设施和公用事业特许经营管理办法》第五条第（一）项所规定的"在一定期限内，政府授予特许经营者投资新建或改扩建、运营基础设施和公用事业，期限届满移交政府"的 BOT 协议，即属于该类协议。行政机关为了满足自身办公等需要与其他主体签订的如办公设备采购、物业服务、食堂承包等协议，则不属于行政协议。③内容要素，即行政协议的内容必须具有行政法上的权利义务内容。如《最高人民法院关于审理行政协议案件若干问题的规定》第一条第（一）项"政府特许经营协议"具有行政许可方面的权利义务；第（二）项"土地、房屋等征收征用补偿协议"具有行政征收方面的权利义务；第（三）项"矿业权等国有自然资源使用权出让协议"具有行政征缴等方面的权利义务；第（四）项"政府投资的保障性住房的租赁、买卖等协议"具有行政补贴方面的权利义务；第（五）项"符合本规定第一条规定的政府与社会资本合作协议"（如企业与政府合作三旧改造项目）具有行政征收补偿安置、城乡规划等方面权利义务。④意思要素，即行政协议双方当事人必须协商一致，同时，行政协议的履行过程中，行政机关在特定条件下享有行政优益权（行政优益权是指行政法上确认的或者合同条款约定的行政主体为实现公共利益目的而享有的优先权利，主要是指行政机关的单方变更权、解除权）。《规定》第十六条规定："在履行行政协议过程中，可能出现严重损害国家利益、社会公共利益的情形，被告作出变更、解除协议的行政行为后，原告请求撤销该行为，人民法院经审理认为该行为合法的，判决驳回原告诉讼请求；给原告造成损失的，判决被告予以补偿。"在我国现有法律框架下，行政机关符合一定条件时可以单方变更、解除行政协议。通过上述四要素分析，案涉《供热经营协议》虽然名称为供热经营协议，但实质上是一种为保供热、保民生的供热并网行为，即属于协调某发展供热有限公司与某供热公司并网行为，不是所谓特许经营协议，更不符合行政协议四要素中的内容要素特征。因此，不属于行政协议，不属于行政法受案范围。

（2）退一步讲，若案涉协议为行政协议，根据合同相对性原则，被答辩人不是适格原告。

若涉案供热经营协议为行政协议，那么根据行政协议具有行政性特征，涉案协议具有公信力、确定力等，在未依法否定其效力之前，受其影响的被答辩人应当予以尊重及执行。同时，根据合同相对性原则，被答辩人不能突破合同相对性，行使撤销行政协议权利。

（3）答辩人实施协调某发展供热有限公司与某供热公司并网行为属于认定事实清楚，适用法律正确，依法应予以维持。

目前，某经济技术开发区实施供热的四家供热企业，分别为甲公司、乙公司、丙公司、丁公司，现有锅炉情况，根据某市35蒸吨/小时及以下燃煤锅炉清单，甲公司两台，乙公司三台，丙公司三台。答辩人根据《某市人民政府关于开展燃煤锅炉综合整治的通告》第一条的规定："2020年10月31日前，除依据城市供热专项规划确需保留的供暖锅炉外，城市建成区20蒸吨/小时（14兆瓦）及以下燃煤锅炉应实施清洁能源改造或拆炉并网。"2020年10月31日前，某供热公司有两台锅炉小于20蒸吨/小时，属于改造或拆除并网范围。再根据某市生态环境局、某市工业和信息化局、某市住房和城乡建设局、某市市场监督管理局《关于开展燃煤锅炉综合整治的通告》第一条："实施35蒸吨/小时及以下燃煤锅炉清洁能源改造或拆炉并网。其中，市内五区（中山区、西岗区、沙河口区、甘井子区、高新园区），以及某区城市建成区、金普新区城市建成区应在2024年10月31日前完成"的规定，甲、乙、丙三家公司小于35蒸吨/小时锅炉需要改造或拆除并网。被答辩人某公司建设锅炉房为400蒸吨/小时，不属于改造或拆除并网范围。

综上所述，行政协议答辩实务研究对于推动行政协议制度的完善和发展具有重要意义。通过深入研究行政协议的签订、履行、纠纷解决等方面的问题，可以为政府和社会资本合作提供有力的法律保障和支持，促进公共服务的市场化和社会化进程。

7.2　集体土地征收补偿案件答辩

　　随着城市化进程的加速，集体土地征收补偿案件日益增多。这类案件涉及农民的土地权益、政府的征收行为以及补偿标准的确定等多个方面，具有复杂性和敏感性。因此，对这类案件进行实务分析与研究，对于保障农民权益、规范政府行为以及推动土地制度的改革具有重要意义。

7.2.1　集体土地征收补偿案件实务分析

　　1）集体土地征收补偿案件的实务特点

　　（1）涉及主体众多。集体土地征收补偿案件涉及政府、农民集体、农民个人等多个主体，各方利益诉求不同，容易产生纠纷。

　　（2）法律关系复杂。案件涉及土地所有权、使用权、征收权等多种法律关系，需要仔细梳理和分析。

　　（3）补偿标准难以确定。由于土地价值、附着物价值等因素的复杂性，以及不同地区、不同时间点的差异性，导致补偿标准难以统一和确定。

　　2）实务分析

　　（1）征收程序的合法性审查。在集体土地征收补偿案件中，首先需要审查征收程序的合法性。包括征收决定是否经过合法程序作出、是否履行了公告、听证等程序、是否给予了被征收人合理的陈述和申辩机会等。

　　（2）补偿标准的合理性审查。补偿标准是集体土地征收补偿案件的核心问题之一。需要审查补偿标准是否符合法律法规的规定、是否考虑了被征收土地的实际价值、是否给予了被征收人合理的补偿等。

　　（3）农民权益的保护。在集体土地征收补偿案件中，应特别关注农民权益的保护，包括确保农民的知情权、参与权、表达权和监督权得到充分保障，防止政府在征收过程中侵害农民的合法权益。

7.2.2 裁判规则梳理

1）典型案例和裁判观点

观点一：被征收人签订相关补偿安置协议后，不能当然视为其与征地拆迁行为不再具有利害关系。

——宣某明诉无锡市滨湖区人民政府土地房屋征收拆迁行为及行政赔偿案（（2017）最高法行申144号）

观点二：被征收人主动交地并领取补偿款后，仍坚持认为土地征收行为违法的，除非被征收人曾明确表示放弃申请复议权或者起诉权，否则仍可在法定期限内申请行政复议或者提起行政诉讼。

——方某梅等诉江苏省人民政府履行行政复议职责案（（2017）最高法行申173号）

观点三：被征地农民诉请解决有关宅基地争议问题的，依法属于行政诉讼案。

——李某成诉湖南省涟源市人民政府拆迁行政管理案（（2016）最高法行申1976号）

观点四：申请人请求给付低保待遇，依法应先向乡、镇人民政府申请，申请人未经该申请程序直接起诉县（市）人民政府未发放低保待遇的，人民法院不予支持。

——柳某等诉湖南省长沙县人民政府征地补偿安置争议案（（2016）最高法行申1823号）

观点五：集体土地被征收为国有，原集体土地使用权人与后续国有土地使用权登记颁证行为通常不具有法律上的利害关系。

——吴某丽等诉湖北省人民政府行政复议决定案（（2016）最高法行申780号）

观点六：原告提出行政复议申请明显不属于行政复议受理范围的，人民法院既可以判决驳回诉讼请求，也可以结合案件具体情况裁定驳回起诉。

——陈某泳等诉福建省人民政府行政复议案（（2016）最高法行申453号）

观点七：被征地农民领取征收土地补偿款或者收到征收土地补偿款提存通知之日，可以视为该被征地农民知道征收土地决定之日。

——殷某祥诉江苏省人民政府土地行政复议案（（2017）最高法行申 158 号）

观点八：在土地房屋征收补偿过程中，行政机关有权根据生效的行政处理决定，确认被征收人合法的房屋面积。

——戴某华诉杭州市上城区人民政府房屋行政确认案（（2017）最高法行申 122 号）

观点九：在行政赔偿案件中，被告就原告损失是否存在、具体损失程度等已经提供相应的证据但仍未能充分证明原告具体损失的，人民法院可以参照市场价，支持原告合理的赔偿请求。

——沙某保等诉安徽省马鞍山市花山区人民政府房屋拆迁行政赔偿案（（2016）最高法行申 791 号）

观点十：公民、法人或者其他组织发生土地权属争议且无法协商解决的，有权请求人民政府处理。

——施某荣诉云县人民政府土地行政确权案（（2016）最高法行申 171 号）

观点十一：农民集体对争议林地事实上的利用和处置，不必然形成土地所有权取得或者变更的法律后果。

——河南省济源市北海街道办事处药园居民委员会诉河南省济源市人民政府土地权属处理决定案（（2016）最高法行申 73 号）

观点十二：行政区划变动并不当然导致村集体土地所有权发生变动。农民集体连续使用其他农民集体所有的土地已满二十年且二十年期满之前原所有人未要求归还的，该争议土地依法可视为现使用的农民集体所有。

——湖南省隆回县司门前镇新庄村三组诉湖南省隆回县人民政府土地行政确认案（（2016）最高法行申 792 号）

2）法官会议纪要

未按集体土地征收补偿协议约定安排宅基地相关损失的赔偿标准（最高人民法院第一巡回法庭 2019 年第 1 次法官会议纪要）。

法律问题：集体土地征收中采取异地新建安置方式的宅基地价值损失和过渡费损失如何救济。

法官会议意见：行政机关怠于履行法定义务，宅基地价值损失和过渡费损失应予赔偿。根据 2008 年《安置办法》的规定以及案涉《房屋拆迁协议书》的约定，涟源市政府为被拆迁人安置宅基地既是法定义务，也是约定义务。涟源市政府不履行、拖延履行法定职责，导致被拆迁人合法权益遭受损害的，应当承担赔偿责任。王某虽然已经死亡，但不应免除涟源市政府对王某未获得宅基地偿还造成相关损失的赔偿责任，否则不符合公平原则；其因未获得宅基地偿还造成的损失属于财产权，其继承人有权要求赔偿。王术某虽然在房屋被拆除前已经获得宅基地并建设住宅，但包含在王术某户内的王买某、王净某系在案涉房屋拆除后自行获得的宅基地，虽然无须涟源市政府再行安置宅基地，但涟源市政府应向王买某、王净某支付宅基地价值赔偿。2008 年《安置办法》未对过渡期超过 18 个月时过渡费如何计算作出规定但根据充分赔偿原则，对超过 18 个月仍未获安置的被拆迁人，应当相应增加过渡费，对该部分损失，涟源市政府应予赔偿。

7.2.3 实战经验

1）集体土地上征收补偿案件答辩思路

（1）答辩请求：明确答辩人的请求，例如：请求法院驳回原告关于增加征收补偿的全部或部分请求。

（2）答辩理由：这是答辩状的核心部分，应当针对原告的起诉状提出反驳意见和理由。答辩理由应包括对起诉状或上诉状中所述事实内容的答辩，指出不符合事实之处，并可以用相应的证据来支持自己的主张。

（3）征收行为的合法性：阐述征收行为所依据的法律法规和政策；说明征收决定的作出过程，包括公告、听证等程序的履行情况；论证征收行为符合公共利益的需要，并经过合法程序批准。

（4）补偿的合理性：详细描述已提供的补偿方案，包括补偿标准、计算方法和支付安排等；论证补偿方案的合理性和公平性，可以参照类似案例或市场价格进行比较；说明已充分考虑被征收人的合法权益，并确保其基本生活不因征收而受到过大影响。

（5）原告请求的不成立：指出原告提出的增加补偿的请求缺乏事实和法律依据；阐明原告所主张的损失与征收行为之间没有直接因果关系，或者其主张的损失已经得到合理补偿；如存在部分合理请求，说明答辩人已经或愿意在合理范围内予以考虑和解决。

（6）证据和证明：列举并说明答辩人所依据的证据材料，包括征收决定文件、补偿方案文件、评估报告、支付凭证等。证明答辩人的征收行为和补偿方案均符合法律规定和政策要求。

2）实战案例

案例：被告因区总体规划及益安推杆式防火门项目规划建设，征收原告的办公楼及占用土地。2015年11月20日，申请人与被申请人下属的某顺经济开发区房屋征收与补偿办公室签订《商业网点换建协议书》，约定以位于某顺经济开发区顺乐街南侧，滨港路西侧10号东单元和西单元，建筑面积479.50平方米的公建与申请人的办公楼进行产权调换。签订协议后，原告将原办公楼的产权执照、土地使用证复印件交给被申请人，办公楼搬迁完毕后，被告收缴房屋钥匙并部分拆除，但其至今未向原告交付换建房屋。为维护自身合法权益，原告于2020年11月向中级人民法院提起诉讼，案件经两审法院审理后，2021年10月15日，高级人民法院作出《行政判决书》（2021）辽行终1086号，认定《商业网点换建协议书》合法有效，判决被告于判决生效后60日内采取补救措施，对原告的征收补偿事宜作出处理。判决生效后，被告不仅未履行有效的《商业网点换建协议书》，反而于2022年1月14日，通知原告解除《商业网点换建协议书》，并且以其征收职责已经转移至街道为由，长期拖延对申请人的补偿职责。按照《行政判决书》（2021）辽行终1086号，《商业网点换建协议书》合法有效，申请人依约本可获得的利益是置换的公建房屋或等额价值，被申请人不能履行交房义务，则应采取的补救措施是按照协议约定的置换公建的价值弥补申请人的损失，但被告却单方解除《商业网点换建协议书》，并未对申请人作出任何补救措施，其行为严重背离行政判决书内容，并且损害了申请人的合法权益。之后，申请人向某市中级人民法院申请强制执行，案件执行过程中，被告始终拒绝履行生效判决确定的采取补救措施义务，并以案涉《决定书》辩称其已经履行了《行政判决书》（2021）辽行终1086号确定的义务，申请人多次找被告协调此事，均被以各种理由拒绝。请求履行征收补偿。区管委会答辩如下：根据《中华人民共和国土地管理法》第四十七条第一款："国家征收土地的，依照法定程序批准后，由县级以上地方人民政府予以公告并组织实施"和《国有土地上房屋征收与补偿条例》第四条第一款、第二款："市、县级人民政府负责本行政区域的房屋征收与补偿工作。市、县级人民政府确定的房屋征收部门（以下称房屋征收部门）组织实施本行政区域的房屋征收与补偿工作"的规定，案涉房屋的征收补偿职能在县级以上人民政府。同时，某顺口区现行的征收补偿政策是采取项目牵动征收补偿工作，启动房屋征收与补偿工作应以项目用地需求为前提，以项目红线确定征收补偿范围。经核实，案涉地块暂无项目用地需求，不具备启动土地征收程序的法定条件及客观条件，实现不了启动土地征收程序需要达到的目的。

7.3　国有土地上房屋征收补偿案件答辩

国有土地上房屋征收补偿案件是城市更新和基础设施建设过程中常见的法律纠纷。由于涉及房屋所有权、土地使用权、征收程序、补偿标准等多个法律问题，这类案件往往具有复杂性和敏感性。

7.3.1　国有土地上房屋征收补偿案件的实务解析

1）案件特点

（1）涉及权益重大：房屋对于个人和家庭而言具有极高的价值，征收补偿涉及被征收人的重大财产权益。

（2）法律关系复杂：案件涉及房屋所有权、土地使用权、征收权、补偿权等多种法律关系，需要仔细梳理和分析。

（3）程序要求严格：国有土地上房屋征收补偿必须依法进行，征收程序必须合法、公正、透明，否则将影响征收的合法性和补偿的合理性。

2）实务解析

（1）征收程序的合法性审查。在国有土地上房屋征收补偿案件中，首先需要审查征收程序的合法性，包括征收决定是否经过合法程序作出，是否履行了公告、听证等程序，是否给予了被征收人合理的陈述和申辩机会等。如果征收程序存在瑕疵，这将影响征收的合法性和补偿的合理性。

（2）房屋价值的评估与补偿。房屋价值的评估是确定补偿金额的关键环节。评估机构应当具备相应的资质和独立性，评估方法应当科学、合理、公正。同时，被征收人有权对评估结果提出异议，并可以通过协商、调解、诉讼等方式维护自己的合法权益。在补偿方面，除了房屋本身的价值外，还应考虑搬迁费用、临时安置费用、停产停业损失等因素。

（3）土地使用权的补偿。在国有土地上房屋征收补偿案件中，土地使用权也是一个重要的补偿内容。被征收人因房屋被征收而失去的土地使用权应当得到合理的补偿。补偿方式可以采取货币补偿、产权调换等方式进行。

（4）争议解决机制。在国有土地上房屋征收补偿过程中，争议是不可避免的。为了有效化解争议，应当建立健全争议解决机制，包括协商、调解、仲裁、诉讼等多种方式，为当事人提供多元化的纠纷解决途径。同时，加强法律援助工作，为被征收人提供必要的法律帮助和支持。

7.3.2　裁判规则梳理

1）从法律规定层面来看

《国有土地上房屋征收与补偿条例》等相关法律法规为国有土地上房屋征收补偿案件提供了明确的法律依据。这些法律法规定了政府在征收房屋时应遵循的程序、补偿标准的确定方法以及被征收人的权益保障措施等。在实务操作中，需要严格遵循这些法律规定，确保征收工作的合法性和公正性。

2）从政策导向层面来看

政府通常会根据城市发展规划、土地利用规划等制定相应的房屋征收政策。这些政策旨在平衡城市发展与被征收人权益之间的关系，确保征收工作的顺利进行。在实务中，需要密切关注政策导向，正确理解并适用相关政策，以确保征收补偿工作的顺利进行。

3）从实际操作层面来看

国有土地上房屋征收补偿案件涉及多个方面，如补偿标准的确定、补偿方式的选择、补偿程序的履行等。在实务操作中，需要充分考虑被征收房屋的实际情况、被征收人的实际需求以及社会各方面的利益诉求，确保征收补偿工作的合理性和公平性。同时，还需要注意防范和化解可能出现的纠纷和矛盾，维护社会稳定和谐。

4）司法解释

（1）关于办理申请人民法院强制执行国有土地上房屋征收补偿决定案件若干问题的规定[①]。

（2）《最高人民法院关于坚决防止土地征收、房屋拆迁强制执行引发恶性事件的紧急通知》[②]。

5）裁判观点

观点一：行政机关依据法院生效执行裁定作出的强制拆除行为，通常不属于行政诉讼受案范围，但行政机关扩大执行范围或者采取违法方式实施的除外。

——马秋某等人诉苏州市政府房屋拆除行政强制案（（2016）最高法行申81号）

观点二：对因旧城区改建征收的，被征收人有选择改建地段或者就近地段房屋安置的权利。市、县级人民政府已经依法保障被征收人就近安置选择权，且异地安置更有利于保障被征收人居住权的，人民法院可以支持市、县级人民政府作出的补偿决定。

---

① 最高人民法院.最高院关于办理申请人民法院强制执行国有土地上房屋征收补偿决定案件若干问题的规定［EB/OL］.［2012-05-22］. https://www.court.gov.cn/shenpan-xiangqing-4033.html.

② 最高人民法院.最高人民法院关于坚决防止土地征收、房屋拆迁强制执行引发恶性事件的紧急通知（法明传〔2011〕327号）［J］.行政执法与行政审判（第4集）.北京：中国法制出版社，2012：001.

——贵某玲、贵某温诉上海市政府、静安区政府房屋行政补偿及行政复议案（（2017）最高法行申4162号）

观点三：行政赔偿诉讼中，因被告原因导致原告无法举证的，不当然免除原告初步证明其存在损失及损失范围的举证义务。原告对损失的举证证明明显不符合常理的，人民法院可以结合经审理查明的客观事实依法酌定相应的赔偿金额。

——王某芳诉溧水区政府、溧水区征收办城建行政强制及行政赔偿案（（2017）最高法行申26号）

观点四：人民法院审查征收决定的合法性，应当根据《物权法》的有关规定精神，并结合《国有土地上房屋征收与补偿条例》的具体规定进行，主要审查涉案征收决定是否符合公共利益需要、是否符合法定程序等问题。

——安某等人诉青山区政府房屋征收决定、包头市政府行政复议案（（2016）最高法行申1920号）

观点五：对旧城区改建项目是否符合公共利益需要，应当考虑拟征收范围内被征收人的改建意愿，大多数或者绝大多数被征收人同意改建方案的，可以认为建设项目符合公共利益需要。

——郭某昌诉鄞州区政府房屋行政征收案（（2017）最高法行申4693号）

观点六：人民法院审理房屋征收补偿协议案件，在适用行政法律规范的同时可以适用不违反《行政法》和《行政诉讼法》强制性规定的民事法律规范。

——陈某生、张某平诉金寨县政府房屋征收补偿协议案（（2016）最高法行申2719号）

观点七：国有农业用地被收回并依法变更为国有建设用地的，不适用有关农村集体土地征收的法律规定。

——余某友诉观山湖区政府不履行土地行政补偿协调法定职责案（（2016）最高法行申2359号）

观点八：案涉数个评估报告评估结论不一致，人民法院应依法采信公平性和独立性更高的评估报告。

——鑫海公司诉襄州区政府行政补偿案（（2016）最高法行申260号）

观点九：被征收人对评估结果有异议的，可以依法申请复核评估和鉴定，被征收人因自身原因放弃行使评估异议权利而在诉讼期间对评估报告合法性提出质疑的，人民法院可以不予支持。

——赵某诉河南省商丘市人民政府、梁园区政府房屋征收补偿决定案（（2016）最高法行申378号）

观点十：当事人对国有土地上房屋征收补偿评估结果有异议的，应当依法定程序依次提出复核评估申请和鉴定申请。

——陈某诉安徽省宣城市广德县人民政府房屋征收补偿决定案（（2016）最高法行申144号）

观点十一：社会稳定风险评估未经市政府常委会会议讨论决定但经下级政府机构作出并报市政府审查认可的，视为该程序瑕疵已补正，可不认定构成程序违法。

——李某冰诉济南市政府房屋行政征收案（（2016）最高法行申195号）

观点十二：人民法院审查市、县级人民政府作出国有土地上房屋征收决定是否合法，应当按照《国有土地上房屋征收与补偿条例》的规定进行。

——马某友等诉包河区政府房屋征收决定案（（2016）最高法行申414号）

观点十三：县级人民政府负责人签署的同意强制拆迁的意见，不能代替有权机关经法定程序并以书面形式作出的责令限期拆除决定。

——于某楚诉贵阳市住建局强制拆迁案（（2012）行提字第17号）

观点十四：征收实施单位在规定期限内未与被征收人达成补偿安置协议的，征收单位应当依法及时作出补偿决定。

——唐某军诉下城区政府房屋征收补偿决定案（（2016）最高法行申788号）

观点十五：征收人已经在征收补偿行政程序中告知被征收人既可以货币补偿也可以选择产权调换，被征收人在规定期限内未作选择，也未答复的，征收人作出补偿决定确定产权调换补偿安置方式，不属于侵犯被征收人补偿安置方式选择权的情形。

——张某菊诉西秀区政府房屋征收行政补偿案（（2016）最高法行申1379号）

观点十六：有征收必有补偿，无补偿则无征收。补偿问题未经征收补偿协议或者补偿决定解决前，被征收人有权拒绝交出房屋和土地。

——安业公司诉太原市政府收回国有土地使用权决定案（（2016）最高法行再80号）

观点十七：市、县级人民政府作出征收补偿决定，应当遵循及时补偿原则和公平补偿原则，依法保障被征收人居住权和其他合法权利。

——陈某河诉洛阳市人民政府行政赔偿案（（2014）行监字第148号）

观点十八：《国有土地上房屋征收与补偿条例》施行前已依法取得房屋拆迁许可证的项目，继续沿用原有的规定办理，但政府不得责成有关部门强制拆迁。

——刘某清诉青海省西宁市城东区人民政府行政赔偿案（（2016）最高法行赔申278号）

观点十九：行政机关因违法强拆产生的行政赔偿责任，其赔偿的标准不得低于行政机关依法实施征收补偿的标准。

——范某生诉和平区政府强制拆除房屋及行政赔偿案（（2015）行监字第634号）

观点二十：对无产权房屋是否赔偿或者如何赔偿，应当本着实事求是原则，综合考虑违法建设情节、房屋形成的历史背景、当地相关补偿政策、行政机关过错程度等因素加以确定。

——蒋某福诉河南省虞城县人民政府强制拆除房屋及行政赔偿案（（2016）最高法行申43号）

观点二十一：依法自愿签订的补偿安置协议应当得到执行；对因行政机关强制执行扩大的损失，依法应当另行赔偿。

——陈某长诉福建省宁德市蕉城区人民政府行政赔偿案（（2016）最高法行申1776号）

观点二十二：市、县级人民政府违法组织强制拆除被征收人房屋的，应当依法承担行政赔偿责任，被征收人所得到的赔偿不应当低于其依照征收补偿方案可以获得的征收补偿。

——许某云诉金华市婺城区人民政府房屋行政强制及行政赔偿案（（2017）最高法行再101号）

观点二十三：人民法院对征收补偿决定是否合法的审查，应根据《国有土地上房屋征收与补偿条例》规定依法坚持全面审查。

——徐某福、张某美诉徐州市泉山区人民政府房屋行政补偿案（（2017）最高法行申667号）

7.3.3　实战经验

1）答辩思路

在充分了解裁判规则的前提下，根据"同案同判""实质化解争议"的原则，行政机关通常需要针对被征收房屋所有者的补偿请求进行回应，说明征收的合法性、补偿的合理性以及拒绝或部分拒绝原告请求的依据。

（1）答辩请求

明确答辩人的请求，例如：请求法院驳回原告关于增加房屋征收补偿的全部或部分请求。

（2）事实和理由

第一，征收的合法性：阐述征收行为所依据的法律法规和政策，特别是《国有土地上房屋征收与补偿条例》等相关规定。说明征收决定的作出过程，包括征收目的、征收范围、征收程序的履行情况等。论证征收行为符合法律规定，且出于公共利益的需要。

第二，补偿的合理性：详细描述已提供的补偿方案，包括补偿标准、计算方法、安置方式等。论证补偿方案的公平性和合理性，可以参照市场价格、类似案例的补偿标准进行比较。说明已充分考虑被征收人的合法权益，并确保其得到妥善安置和合理补偿。

（3）原告请求的不成立

指出原告提出的增加补偿的请求缺乏事实和法律依据，或者其请求超出法律规定的范围。阐明原告所主张的损失与征收行为之间没有直接因果关系，或者其损失已经得到合理补偿。如存在部分合理请求，则说明答辩人已经或愿意在合理范围内予以考虑和解决。

（4）证据和证明

列举并说明答辩人所依据的证据材料，包括征收决定文件、补偿方案文件、评估报告、支付凭证、安置协议等。证明答辩人的征收行为和补偿方案均符合法律规定

2）实战案例

案例：纪某诉××市人民政府（以下简称××市政府）确认拆除行为主体及赔偿一案。纪某诉称，请求法院依法判定被告作为"某某"项目的拆迁安置补偿主体，理应承担相应的法律后果及赔偿责任。原告主张原位于××市××街××号的房屋，于2008年11月4日划定在"某某"项目的拆迁区内，在未达成拆迁协议的情况下，于2010年10月2日被人强行闯入家中，对房屋进行了拆迁，后一直未得到补偿。原告认为，开发商的拆迁安置方式违规，房屋承租人的补偿标准违法，被告对于开发商的上述违法行为没有制止，应承担赔偿责任。被告××市人民政府辩称：①该市政府不是拆迁补偿主体，不具有本案的诉讼主体资格。依据行政法律"实体从旧，程序从新"的原则，因涉案房屋拆迁发生于2010年，因此涉案房屋拆迁应适用《城市房屋拆迁管理条例》。根据国务院《城市房屋拆迁管理条例》第四条的规定，××房地产开发有限公司在取得房屋拆迁许可证后，就成为涉案房屋的拆迁人。因此，××市政府不是拆迁补偿的主体，不具有本案的诉讼主体资格。②本案争议实质上属于民事争议，不属于行政诉讼的受案范围。根据《最高人民法院关于当事人之间达成了拆迁补偿安置协议仅就协议内容发生争议的，人民法院应予受理问题的复函》，拆迁人与被拆迁人之间达成的拆迁补偿协议，属于平等主体之间的民事协议，属于民事诉讼的受案范围。本案中，纪某与拆迁人××房地产开发有限公司已达成《拆迁补偿安置协议》，仅是后续履行产生争议，属于民事争议，不属于行政争议。因此，案涉拆迁补偿争议不属于行政诉讼的受案范围。③纪某的起诉明显超过法定起诉期间，依法应予以驳回。从纪某在行政诉讼状中的陈述可以看出，涉案房

屋已经于2010年10月2日被拆迁，其自2010年10月2日即知道案涉行政行为，其最迟应于2011年4月2日前提起诉讼，但是其却在2019年才提起诉讼。根据《中华人民共和国行政诉讼法》第四十六条的规定，纪某的起诉明显超过法定起诉期间，依法应予以驳回。④纪某的起诉没有具体的诉讼请求，依法应予以驳回。纪某在事实理由中明确，其诉讼请求实质是"请求一审法院判定，被上诉人应对原告在'某某'项目的拆迁安置补偿过程中其合法权益遭受的损害（房子被强拆、家人被打伤、财产被损）承担相应的法律后果及赔偿责任。"其诉讼请求实质上属于民事损害赔偿，不属于《最高人民法院关于适用〈中华人民共和国行政诉讼法〉的解释》第六十八条第一款规定的九项具体诉讼请求之一，因此应依法驳回纪某的起诉。另外，根据《最高人民法院关于适用〈中华人民共和国行政诉讼法〉的解释》第六十八条第二款"当事人单独或者一并提起行政赔偿、补偿诉讼的，应当有具体的赔偿、补偿事项以及数额"，本案不属于行政赔偿、行政补偿范围，综上，请求依法应驳回纪某的请求。

综上所述，国有土地上房屋征收补偿案件的研究总结揭示了征收补偿工作中的关键问题和改进方向。通过完善法律法规体系、制定统一的补偿标准指导意见、加强征收程序的规范与监督、建立多元化纠纷解决机制以及加强宣传与教育等措施的实施，可以推动征收补偿工作的规范化、公正化和高效化，为城市化进程的顺利推进提供有力保障。

7.4　投诉举报案件答辩

在公共服务领域，投诉举报是民众表达不满、维护权益的重要途径。对于被投诉方而言，如何妥善应对投诉举报，进行有理有据的答辩，既关系到自身形象，也影响到与民众的关系。因此，对投诉举报案件答辩实务进行解析与研究，具有重要的现实意义。

7.4.1 投诉举报案件实务解析

1）投诉与举报的区分标准

公民、法人或者其他组织认为第三人实施的违法行为侵犯自身合法权益，请求行政机关依法查处的，属于《最高人民法院关于适用〈中华人民共和国行政诉讼法〉的解释》第十二条第五项规定的投诉。投诉人与行政机关对其投诉作出或者未作出处理的行为有法律上的利害关系。公民、法人或者其他组织认为第三人实施的违法行为侵犯他人合法权益或者国家利益、社会公共利益，请求行政机关依法查处的，属于举报。举报人与行政机关对其举报作出或者未作出处理的行为无法律上的利害关系。

2）不履行查处职责案件的适格被告

人民法院应当根据法律法规、规章有关事务、地域、级别管辖的规定，综合判断行政机关是否具有查处投诉的职责并确定适格被告。不违反上位法管辖规定的规范性文件，可以作为人民法院判断管辖的依据。法律法规、规章和合法有效的规范性文件对上、下级行政机关受理投诉职责规定不明确，下级行政机关按照行政惯例行使管辖权的，人民法院可予尊重。

3）处理投诉与提起诉讼的期限

公民、法人或者其他组织认为第三人实施的违法行为侵犯自身合法权益，请求行政机关查处，行政机关应当在法律法规、规章或合法有效的规范性文件规定的查处期限内依法处理。行政机关未依法作出处理的，当事人可以在法定期限届满之日起六个月内依法提起行政诉讼。法律法规、规章或合法有效的规范性文件对行政机关查处期限未作具体规定的，人民法院可以根据《行政诉讼法》第四十七条的规定确定相应期限。即行政机关在接到查处申请之日起两个月内不履行查处义务的，当事人可以在两个月期限届满之日起六个月内依法提起行政诉讼。

4）起诉明显无查处职责行政机关案件的处理

当事人起诉有下列情形之一的，人民法院可以根据《最高人民法院关于适用〈中华人民共和国行政诉讼法〉的解释》第五十五条第二款之规定，退回诉状并记录在册；坚持起诉的，不予立案并载明不予立案的理由：（1）被诉行政机关明显不具有对投诉事项的事务、地域或级别管辖职责的；（2）被诉行政机关依法将投诉事项转交有管辖职责的下级行政机关查处的；（3）当事人对下级行政机关作出的查处或不予查处行为不服，请求上级行政机关履行层级监督职责，上级行政机关不予答复或作出不改变下级行政机关处理决定的答复等，当事人以上级行政机关为被告提起诉讼的。

7.4.2 裁判观点

观点一：超诉行政复议不予受理决定应采用履责之诉的审理思路。

——冯某某、武某某诉住房和城乡建设部行政复议案（北京市第一中级人民法院（2016）京01行初13号，北京市高级人民法院（2016）京行终4429号）

裁判规则：（1）就行政复议不予受理决定提起的诉讼，实质为履责之诉。（2）对于履责之诉，法院的审查范围包含但不限于行政机关作出的拒绝性答复的合法性，法院还应当就原告申请被告履行法定职责的理由是否成立进行全面审查并根据查明的事实作出裁判。

观点二：单项报价低于成本价构成不正当竞争。

——淮安财经公司诉财政部投诉处理决定案（北京市第一中级人民法院（2017）京01行初545号）

裁判规则：适用单项报价低于成本价这种报价方式无形中降低了单价的总和，使其价格上与其他供应商拉开了差距，进而谋取中标，排挤其他竞争对手。损害了其他参与投标供应商的合法权益。供应商每生产和提供一类产品产生相应的制作和运营等成本，低于成本价的报价显然与该项服务实际投入价值不符，有违诚实信用原则。在产品使用数量尚不确定的情况下，采用此种报价方式支付的费用可能并非最低。该行为不符合政府采购规定的公平竞争原则的要求。

观点三：投诉举报案件中复议申请人资格的判断。

——刘某某诉中国证券监督管理委员会行政复议决定案（北京市第一中级人民法院（2017）京01行初175号，北京市高级人民法院

（2017）京行终3450号）

裁判规则：行政复议制度具有救济个人合法权益的属性，行政复议的申请人能够主张法律上值得保护的合法权益，应为《行政复议法实施条例》第二十八条第二款规定的"有利害关系"的要件之一。据此，被诉复议决定是否合法的关键在于其主张的个别投资者地位，是否具有进一步通过行政复议等法律途径要求证券监管机关履行监管职责的请求权。

观点四：处理信息公开举报不属于行政机关行政管理职责的范畴。

——蔡某某诉教育部投诉举报及行政复议案（北京市第一中级人民法院（2016）京01行初21号，北京高级人民法院（2016）京行终4435号）

裁判规则：行政机关对于公民、法人或者其他组织关于政府信息公开主体未履行政府信息公开义务的举报的处理，不属于其履行行政管理职责的范畴。公民、法人或者其他组织不服该机关对于举报事项的处理而提起行政诉讼，缺乏事实根据。

观点五：发证机关和属地评估管理部门对评估师违法行为的查处职责竞合。

——王某某诉住房和城乡建设部行政复议案（北京市第一中级人民法院（2017）京01行初1211号）

裁判规则：《资产评估法》第四十条规定，对于评估机构和评估专业人员的违法行为设区市级以上人民政府有关评估行政管理部门具有查处职责。《国有土地上房屋征收与补偿条例》第三十四条规定，发证机关对于房地产价格评估机构或者房地产估价师在房屋征收评估活动中的违法评估行为具有查处的职责。上述两条规定的有权查处机关并不冲突，可以认为在违法行为符合上述两条规定的情况下，发证机关和属地人民政府有关评估行政管理部门都具有查处的法定职责，此处存在查处职责的竞合。

7.4.3 实战经验

1）投诉举报案件答辩思路

在处理投诉举报案件的答辩时，被投诉方需要针对投诉举报的内容进行详细的回应和解释，说明自身行为的合法性、合理性以及针对投诉事项已经采取或计划采取的措施。

（1）答辩请求

明确答辩人的请求，例如：请求相关部门驳回投诉人的投诉，或请求对投诉事项进行公正调查。

（2）事实和理由

第一，对投诉事项的回应：针对投诉人提出的每一项投诉内容，逐一进行详细的回应和解释。说明自身行为或决策的依据，包括法律法规、政策、合同等。阐述行为的合法性、合规性以及合理性。

第二，已采取的措施：描述在接到投诉后，答辩人已经采取的调查、纠正、补偿等措施。说明这些措施的效果，以及对投诉人权益的保护。

（3）未来计划

如存在需要进一步解决的问题，说明答辩人计划采取的措施和时间表。表明对问题的重视，并承诺持续改进和提升服务质量。

（4）证据和证明

提供支持答辩人观点和事实的相关证据材料，如文件、记录、照片、视频等，说明证据的来源和真实性，以证明答辩的可靠性。

2）实战案例

案例：某交通机械有限公司举报某市自然资源局一案，举报事项：一是对土地违法案件隐瞒不报，压案不查；二是拒不履行辽国土资复〔2018〕4号行政复议确定的义务；三是包庇违法犯罪、侵害国家及企业财产。某市自然资源局答辩如下：某市人民政府于2006年12月8日下达政地某字〔2006〕6072号《关于某长城封头制造有限公司、长城街道工业项目国有土地使用权的批复》（以下简称6072号批复）和政地某字〔2006〕6073号《关于某长城封头制造有限公司、长城街道工业项目国有土地使用权的批复》（以下简称6073号批复）是真实的，原某市人民政府供地批复由原某市国土资源和房屋局负责，为了便于管理，某市国土资源和房屋局向各分局下达了《关于明确各分局土地利用管理职能权限及审批流程的通知》（国土房屋发〔2005〕138号），因此，6072号批复和6073号批复不存在虚假问题。被举报人依据6072号批复和6073号批复与某长城封头制造有限公司签订了《国有土地使用权出让合同》，用地面积分别是14 108.56平方米和4 126.27平方米，不存在伪造批复和伪造国有土地使用权出让合同问题，不存在包庇违法犯罪、侵害国家及企业财产问题，不存在土地违法案件隐瞒不报，压案不查。至于6072号批复和6073号批复地址均为某区街道李家村与登记在某交通机械有限公司名下房屋所有权证（实际占有、使用人为某长城封头制造有限公司）的某顺村房字第07000352号、某顺村房字第07000353号两处建筑物在长岭村不一致问题，根据某区长城街道办事处于2009年1月15日出具的《证明》，某钢厂将部分土地使用权出让给某制造有限公司，土地证号为某区国用（2006）字第0410120号，该地块坐落在长城街道李家村和长岭村交界处。6072号批复和6073号批复地址均为某街道李家村应为李家村和长岭村交界处，6072号批复和6073号批复漏写长岭村。但是，由于机构改革等原因，对6072号批复和6073号批复再行更正已经无实际意义。不存在拒不履行国土资复〔2018〕4号行政复议确定的义务。综上，依法应驳回原告起诉。

综上所述：对具体的投诉举报需要根据实际情况进行判断和处理。同时，在处理投诉举报时，也需要遵守相关法律法规和程序要求，确保公正、公平、合法。

7.5 政府信息公开类案件答辩

政府信息公开是现代社会民主与法治的重要体现，也是保障公民知情权、参与权和监督权的重要途径。然而，在实务中，政府信息公开类案件往往涉及复杂的法律问题和事实认定，给司法机关和行政机关带来了一定的挑战。

7.5.1 政府信息公开案例实务解析与研究

1）政府信息公开的范围

基于行政公开、透明化原则，各国对于政府信息公开的范式多秉持"公开为原则、不公开为例外"的基本原则，而有关不公开信息的例外事项是决定信息公开范围的关键点。只有对不予公开的信息作出明确规定，"以公开为原则"才有实现的前提和基础。

为了避免行政机关滥用限制信息公开的条文规避公开政府信息责任或因不当公开信息而侵害个人、国家利益或安全，限制信息公开的规定须符合比例原则、明确性原则与客观性原则。具体而言，一是基于比例原则，对于信息公开限制的范围应局限于"必要最小程度"的范围内。二是基于明确性原则，限制公开的范围必须明白、确定，不能给予行政机关过多的裁量余地。三是基于客观性原则，其判断基准必须客观，以此预防行政机关主观臆断。只有这样，才能准确贯彻政府信息公开的立法本意，亦可避免出现因不当的信息公开行为而使国家安全、个人隐私、商业秘密等受到侵害。

纯粹从技术层面来看，信息公开范围的划定方法已经基本成熟。把世界各国信息公开法中有关的豁免公开条款汇聚起来，进行分析、提炼、归纳，可以得到划定信息公开范围的主要方法：一是信息属性标准，以信息的属性作为判断标准。不予公开的信息主要是国家秘密信息、个人隐私信息、商业秘密信息等。二是以信息公开可能造成的损害为判断标准，即公开损害标准。其是以公开可能造成的损害作为判断标准，即如果特定信息的公开将造成特定的损害后果，则相应信息可以免于公开。如《瑞士关于行政透明原则的联邦法律》第7条规定，如果查阅官方文件会出现以下情况，则这种查阅权会被限制、迟延或拒绝：严重损害受该法监管的当局或其他立法、行政、司法机关的意见自由形成过程和决策程序；影响当局作出的与其目标一致的具体措施的执行；很可能危害到瑞士的国内外安全……三是以时间段作为信息不公开的时间标准，规定在特定时间段内信息不公开。

美国、日本的政府资讯公开法均规定政府所保有的信息，以公开为原则，在公开会危害国家安全、个人隐私、营业秘密及其他国家、行政、个人等的重要利益时才例外加以限制而不予公开。我国 2019 年修订后的《政府信息公开条例》明确了有关不公开信息的豁免条款。具体情形包括：（1）国家秘密；（2）法律行政法规禁止公开的政府信息；（3）公开后可能危及国家安全、公共安全、经济安全、社会稳定的政府信息①；（4）损害第三方利益的信息②；（5）内部事务信息③；（6）过程性信息；（7）行政执法案卷信息④；（8）行政查询事项⑤。简而言之，当国家安全利益行政机关行政上的利益或他人重要权益优先于信息公开申请人知悉政府信息的权利时，行政机关可以作出不予公开的决定。审判实践中，审查行政机关不予公开政府信息行为的合法性时，必须判断被请求公开的政府信息是否具有法律法规限制公开的事由，避免出现因不当或违法公开政府信息造成危害国家安全、妨碍公务管理和政府职能的正常履行或损害他人合法权益的后果。

2）个人隐私的保护

（1）隐私权的概念

近年来，随着大数据分析等科技的迅猛发展，天然具有社会公共属性的个人信息可以轻易地被大量收集、复制、分享及流通，成为重要的社会资源。个人信息被侵害、滥用发生概率大为增加。隐私权亦随之扩大了范围，将"信息隐私权"与"人格自律权（自己决定权）"涵盖在内，即个人、集团或组织关于自己的信息，在何时、以何种方式、至何种程度、传达给他人的自己决定权属于隐私权的范畴。我国《民法典》适应时代发展，其第一千零三十二条明确将隐私界定为"自然人的私人生活安宁和不愿为他人知晓的私密空间、私密活动、私密信息"。同时

---

① 《政府信息公开条例》第十四条规定："依法确定为国家秘密的政府信息，法律、行政法规禁止公开的政府信息，以及公开后可能危及国家安全、公共安全、经济安全、社会稳定的政府信息，不予公开。"

② 《政府信息公开条例》第十五条规定："涉及商业秘密、个人隐私等公开会对第三方合法权益造成损害的政府信息，行政机关不得公开。但是第三方同意公开或者行政机关认为不公开会对公共利益造成重大影响的，予以公开。"

③ 《政府信息公开条例》第十六条第一款规定："行政机关的内部事务信息，包括人事管理、后勤管理、内部工作流程等方面的信息，可以不予公开。"

④ 《政府信息公开条例》第十六条第二款规定："行政机关在履行行政管理职能过程中形成的讨论记录、过程稿、磋商信函、请示报告等过程性信息以及行政执法案卷信息，可以不予公开。法律、法规、规章规定上述信息应当公开的，从其规定。"

⑤ 《政府信息公开条例》第三十六条第七项规定："所申请公开信息属于工商、不动产登记资料等信息，有关法律、行政法规对信息的获取有特别规定的，告知申请人依照有关法律、行政法规的规定办理。"

明确规定"自然人享有隐私权。任何组织或者个人不得以刺探、侵扰泄露、公开等方式侵害他人的隐私权"。隐私权在我国法律上已经明文化，《民法典》已明确规定隐私权是受保护的人格权。

（2）政府信息公开中的个人隐私保护

鉴于隐私权是维护人性尊严所必要的基本人权，行政机关即使为了满足人民群众知悉政府信息的权利而公开信息，也不得不当侵害个人的隐私权。多位学者认为行政机关在保障公众知情权而公开或提供政府信息时，对于个人隐私的保护是不可或缺的。在政府信息公开范畴，对于隐私权保护有以下立法例：

一是隐私权型立法例。此种立法以公开为原则，但公开信息有侵害个人隐私时可例外限制公开。

二是个人识别型立法例。日本于1999年5月7日公布的《情报公开法》第五条第一项规定，有关个人资讯，依该当资讯所包含之姓名、出生年月日及其他记述得识别出特定个人者（包括借由与其他比对，得以识别特定个人者），或虽无法识别特定个人，但因公开仍有损害个人权利、利益之虞者，亦明定为限制公开事由。例外可公开的情形为：（1）依法令之规定或惯常行为公开或预定公开者；（2）为保护他人之生命、健康、生活或财产认为有公开之必要者；（3）与公务员职务执行相关之职务及该当职务执行之内容。换言之，可以识别特定个人的资讯，原则上限制公开。但是符合上述三项情形中任一条件者，可例外予以公开。

《政府信息公开条例》第十五条明确规定，涉及个人隐私等公开会对第三方合法权益造成损害的政府信息，行政机关不得公开。此规定将侵害个人隐私作为信息不公开的事由，例外予以公开的情形为"第三方同意公开或者行政机关认为不公开会对公共利益造成重大影响的"。该条文对于个人隐私的规定较为简略，因此，在《政府信息公开条例》施行过程中，必然面临隐私权及范围的界定问题，而根据我国《民法典》第一千零三十二条规定确定隐私权及其范围是解决此问题的妥当途径。

3）政府信息公开中涉及个人隐私时的利益衡量

因公开个人隐私容易导致第三方合法权益受到损害，是否凡涉及个人隐私，即不须探究公开该信息所造成的侵害是否仅仅属于个人的主观臆测或后果微不足道，都可以限制公开呢？我国《政府信息公开条例》第十五条规定公开涉及个人隐私的政府信息会对第三方合法权益造成损害的，行政机关不得公开。同时规定可予以公开的例外情形为"第三方同意公开或者行政机关认为不公开会对公共利益造成重大影响的"。根据此规定，因为公共利益而有公开必要时，涉及个人隐私的政府信息可例外地予以公开。据此可知，公共利益衡量适用于有关个人隐私的信息公开，公共利益可以作为例外予以公开的事由。

我国《政府信息公开条例》对于个人隐私利益的保护采取隐私权保护型立法，只有第三人同意或不公开会对公共利益造成重大影响的，有关个人隐私信息才例外地予以公开。因不公开涉及个人隐私的信息是否会对公共利益造成重大影响而产生争议时，可从以下方面予以审查。

第一，对申请公开的信息进行全面的利益解构，直至将涉及的利益层层分解至最末端。

第二，判断申请公开的信息是否属于涉及个人隐私的信息。如果属于涉及个人隐私的信息，判断个人隐私利益是否值得保护。

第三，判断公开信息的公共利益是否符合《政府信息公开条例》的立法目的。如果公共利益的内容有助于实现"提高政府工作的透明度，建设法治政府，充分发挥政府信息对人民群众生产、生活和经济社会活动的服务作用"的立法目的，则此公共利益属于"不公开会对公共利益造成重大影响的"范畴，可以认为公开信息符合妥当性原则。

第四，寻找有无可替代方法可实现既公开信息，又避免损害个人隐私利益。公开涉及个人隐私的信息如果是实现政府信息公开立法目的的唯一必要手段，可认为公开信息符合必要性原则，如果有其他适当的方式可以达到信息公开的立法目的，不得公开。

第五，比较衡量个人隐私权利益与公共利益。列举出与利益衡量相关的因素后予以分析，对涉及的利益进行排序。只有当公开信息所实现的公共利益优于限制公开信息所保护的个人隐私利益时，个人信息才应予以公开。

第六，如果申请公开的政府信息中含有《政府信息公开条例》第三十七条规定的限制公开或不属于政府信息内容者，依据该条规定的分离原则，行政机关仍应提供可公开部分。在不影响申请人知情权的情况下，可允许行政机关根据具体情况作出合理裁量。

7.5.2　裁判规则梳理

1）行政法规

《政府信息公开条例》（2019修订）、《政府信息公开信息处理费管理办法》（国办函〔2020〕109号）、《司法部关于审理政府信息公开行政复议案件若干问题的指导意见》（国办函〔2021〕132号）、国务院办公厅政府信息与政务公开办公室关于国土资源部办公厅《关于不动产登记资料依申请公开问题的函》的复函（国办公开办函〔2016〕206号）。

2）司法解释

《最高人民法院关于审理政府信息公开行政案件若干问题的规定》（法释〔2011〕17号）、《关于如何判断外国人是否具有政府信息公开申请人资格以及相应行政诉讼原告资格问题的请示》（〔2015〕行他字第17号）、《最高人民法院关于请求公开与本人生产生活科研等特殊需要无关政府信息的请求人是否具有原告诉讼主体资格问题的批复》（〔2010〕行他字第193号）。

3）裁判观点

观点一：公民通过政府公众网络提交政府信息公开申请的日期以系统确认申请提交成功日为准。

——李某雄诉广东省交通运输厅政府信息公开案

观点二：政府信息公开案件中，行政机关以政府信息不存在为由答复的，应对其已尽到充分合理的查找、检索义务承担举证责任。

——罗某昌诉重庆市彭水苗族土家族自治县地方海事处政府信息公开案

观点三：公民提起政府信息公开申请违背《政府信息公开条例》立法本意且不具有善意的，构成知情权的滥用。

——陆某霞诉南通市发展和改革委员会政府信息公开答复案

观点四：行政机关针对咨询申请作出的答复以及不予答复行为不属

于政府信息公开行为，不属于行政复议的受理范围。

——孙某荣诉吉林省人民政府行政复议不予受理决定案

7.5.3　实战经验

1）政府信息公开案件答辩思路

（1）确认申请人资格与申请内容

首先，答辩方需要确认申请人的资格，即其是否具备申请政府信息公开的合法身份。同时，要明确申请人所申请公开的政府信息的具体内容，确保对申请有准确的理解。

（2）阐述政府信息公开的法律依据

答辩方应引用相关的法律法规，如《政府信息公开条例》等，说明政府信息公开的法律依据和原则。强调政府信息公开是行政机关的法定义务，旨在保障公众的知情权、参与权和监督权。

（3）分析申请信息的可公开性

针对申请人所申请公开的政府信息，答辩方需要分析该信息是否属于可公开范围。如果信息涉及国家秘密、商业秘密或个人隐私等敏感内容，应依法予以保密。对于其他非敏感信息，答辩方应说明其可以公开的理由和依据。

（4）阐述行政机关的公开程序与努力

答辩方应详细阐述行政机关在政府信息公开方面所做的努力和程序，包括主动公开政府信息的渠道和方式、依申请公开政府信息的处理流程等。同时，要说明行政机关在保障公众知情权方面所采取的措施和成效。

（5）回应申请人的质疑与诉求

针对申请人在申请中提出的质疑和诉求，答辩方应逐一进行回应和解释。对于申请人对行政机关未予公开或公开不全的质疑，答辩方应说明具体原因和法律依据。对于申请人的其他诉求，答辩方也应根据实际情况进行合理回应。

2）实战案例

2022年3月1日，原告向被告某市自然资源局提出关于"申请人位于某市某区某街道某村的土地所涉及的征地批复、一书四方案、用地预审意见、土地变更审批手续及土地变更的具体时间"的政府信息公开申请并提供所涉土地坐标定位图。被告某市自然资源局于2022年3月14日作出政府信息不存在告知书（依申请2022第118号），向原告告知："我局根据您在申请中提供的坐标进行核实，该坐标位置未进行过征地，您申请获取的信息不存在。"原告不服，向被告某市人民政府提起行政复议。被告某市人民政府于2022年6月8日作出《行政复议决定书》（大政行复〔2022〕102号），决定维持某市自然资源局作出政府信息不存在告知书（依申请2022第118号）的具体行政行为。原告不服，诉至法院，一审判决驳回原告起诉，原告不服，提起上诉。被告在上诉中答辩如下：

（1）行政机关未履行主动公开政府信息义务不属于人民法院受案范围

《最高人民法院关于审理政府信息公开行政案件若干问题的规定》（法释〔2011〕17号）第三条："公民、法人或者其他组织认为行政机关不依法履行主动公开政府信息义务，直接向人民法院提起诉讼的，应当告知其先向行政机关申请获取相关政府信息。对行政机关的答复或者逾期不予答复不服的，可以向人民法院提起诉讼。"被答辩人向答辩人申请信息公开，答辩人依法受理，并作出政府信息告知书，程序合法。

（2）被答辩人申请信息公开时所提供的坐标定位点并非其承包土地所处位置导致政府信息不存在，答辩人履行了搜索查找义务

答辩人在收到被答辩人的政府信息公开申请后，根据被答辩人提供的坐标定位图，在相关系统中进行了检索查找，履行了搜索、查找义务。因未找到征地信息，在法定期限内作出告知书，告知被答辩人其申请公开的政府信息不存在，履行了法定告知和说明义务，告知书内容及作出程序均符合法律规定。

（3）答辩人已经帮助被答辩人获取相关信息并送达给被答辩人

被答辩人申请信息公开时所提供的坐标定位点并非其承包土地所处位置，答辩人为切实帮助被答辩人获取相关信息，主动与被答辩人一起实地测绘定位，对新确认的位置相关征地信息予以公开。被答辩人已获

取相关信息。

综上所述，一审判决认定事实清楚，适用法律正确，依法应予以维持，依法应驳回被答辩人的上诉请求。

综上所述，政府信息公开类案例的答辩思路要围绕信息是否属于公开范围、信息是否存在、信息公开的程序和时限、信息公开的形式和费用、抗辩理由、证据材料、法律适用以及答复的完整性和准确性等方面展开。同时，要注意保护公共利益和第三方权益，确保答辩观点符合法律规定并得到充分支持。

7.6 附带规范性文件审查案件答辩

在行政诉讼中，当事人经常会对行政机关所依据的规范性文件提出附带性审查请求。这种请求不仅涉及具体行政行为的合法性，还触及规范性文件的合法性、合理性及其制定过程。

7.6.1 附带规范性文件审查案件实务解析

1）附带规范性文件审查的界定与特点

附带规范性文件审查，是指在行政诉讼过程中，当事人对行政机关所依据的规范性文件提出合法性审查请求，由法院在审查具体行政行为的同时，对该规范性文件的合法性进行审查。这种审查方式具有以下特点：一是依附性，即附带性审查必须依附于具体的行政诉讼案件；二是间接性，即法院并不直接对规范性文件作出撤销或修改的判决，而是通过确认具体行政行为违法或撤销具体行政行为等方式，间接影响规范性文件的效力；三是有限性，即法院只审查规范性文件的合法性，不涉及其合理性或适当性。

2）实务操作中的难点与问题

在实务操作中，附带规范性文件审查案件的难点与问题主要体现在以下几个方面：一是审查标准的模糊性，即如何判断规范性文件是否合法、合理；二是审查程序的复杂性，即如何协调行政诉讼程序与规范性文件审查程序的关系；三是审查结果的局限性，即法院如何处理经审查认为不合法的规范性文件。

3）人民法院对规范性文件附带审查范围

一并审查规范性文件目的在于审查被诉行政行为及相关行为的合法性，当事人申请一并审查的范围也应限于所诉行政行为依据的规范性文件。如果行政机关作出被诉行政行为时在执法依据中直接引用某规范性文件，则应推定该文件为"所依据的规范性文件"，如果缺乏引用或者没有全面引用，则应遵循实质审查原则对"所依据的"进行判断，不限于行政文书引用、法庭庭审陈述，应审查规范性文件对行政行为是否有实质拘束力。在这种情况下，应由双方当事人就待审查规范性文件与被诉行政行为的关系、是否应当适用该规范性文件进行阐述、辩论，最终由法院判断该规范性文件是否为被诉行政行为作出的依据、是否属于一并审查的范畴。

4）人民法院对规范性文件审查的内容和标准

一并审查是否要对规范性文件的制定程序和文件内容进行全面审查，实践中有不同的意见。有观点认为，全面审查行政行为合法性是行政诉讼基本原则，那么对规范性文件的审查亦应遵循该原则，从程序到实体进行全面审查。但在实践中，对规范性文件的制定程序缺少明确规定，主要依据正当程序的精神和一般原理进行判断，如果当事人并未主张规范性文件程序违法，那么一味地追求全面审查可能会导致程序审查流于形式。因此在个案中应结合当事人的诉讼请求和相关主张决定审查内容，如果当事人对规范性文件制定程序没有异议，法院可以简要地进行程序审查，予以纠正。

7.6.2 裁判规则梳理

1）法律规定

《中华人民共和国行政诉讼法》第五十三条[①]和第六十四条[②]规定了

[①] 《中华人民共和国行政诉讼法》第五十三条："公民、法人或者其他组织认为行政行为所依据的国务院部门和地方人民政府及其部门制定的规范性文件不合法，在对行政行为提起诉讼时，可以一并请求对该规范性文件进行审查。"

[②] 《中华人民共和国行政诉讼法》第六十四条规定："人民法院在审理行政案件中，经审查认为本法第五十三条规定的规范性文件不合法的，不作为认定行政行为合法性的依据，并向制定机关提出处理建议。"

附带规范性文件审查。

2）典型案例

（1）徐云英诉山东省五莲县社会医疗保险事业处不予报销医疗费用案。

背景概述：徐云英的丈夫因患肺癌晚期并发脑转移，在淄博万杰肿瘤医院治疗期间产生了高额医疗费用。徐云英向五莲县社会医疗保险事业处申请报销，但被以就诊医疗机构非政府举办为由拒绝。徐云英不服，提起行政复议和行政诉讼。

关键信息分析：医疗费用与报销申请：徐云英的丈夫在治疗期间产生了 105 014.48 元的医疗费用，这对于一个家庭来说是一笔沉重的负担。因此，徐云英向五莲县社会医疗保险事业处提出报销申请是合理且必要的。

拒绝报销的理由：五莲县社会医疗保险事业处依据《2014 年五莲县新型农村合作医疗管理工作实施办法》（以下简称《实施办法》）第五条第二款的规定，以就诊医疗机构非政府举办为由拒绝报销。这一规定对行政相对人的权利作出了限缩性规定，与上位法规范性文件的相关规定不符。

行政复议与行政诉讼：徐云英对五莲县社会医疗保险事业处的决定不服，依法提起行政复议和行政诉讼。这是公民维护自身合法权益的正当途径。

法律与政策依据：《山东省新型农村合作医疗定点医疗机构暂行管理规定》第十二条规定，参合农民在山东省行政区域内非新农合定点医疗机构就医的费用不得纳入新农合基金补偿。但本案中，徐云英的丈夫在淄博万杰肿瘤医院治疗，该医院是否为新农合定点医疗机构并未明确。山东省卫生厅等相关部门发布的《关于巩固和发展新型农村合作医疗制度的实施意见》规定，完善省内新农合定点医疗机构互认制度，统筹地区根据参合农民就医流向，通过签订协议互认一、二级新农合定点医疗机构。这一政策旨在方便参合农民就医和报销。《实施办法》第五条第二款的规定与上位法规范性文件的相关规定不符，不能作为认定行政行为合法的依据。因此，五莲县社会医疗保险事业处依据该规定拒绝报销是错误的。

案件处理：二审法院撤销了一审判决和五莲县社会医疗保险事业处作出的《书面答复》，并责令其重新审查并作出处理。这一处理结果是正确的，维护了徐云英的合法权益。

社会影响：本案对于规范行政机关的行为、保护公民合法权益具有重要意义。同时，也提醒行政机关在制定和执行政策时，必须遵循法律法规的规定，不得随意限缩或剥夺公民的权利。

（2）方才女诉浙江省淳安县公安局治安管理行政处罚一案。

背景概述：方才女因出租房存在消防安全违法行为被淳安县公安局行政拘留三日。方才女不服该处罚决定，提起行政诉讼并要求对行政程序中适用的规范性文件进行合法性审查。

关键信息分析：消防安全违法行为：方才女的出租房存在"四、五、六、七层缺少一部疏散楼梯，未按要求配置逃生用口罩、报警哨、手电筒、逃生绳等"消防安全违法行为。这些行为违反了消防安全规定，具有潜在的安全隐患。行政处罚的依据与合法性：淳安县公安局依据《治安管理处罚法》第三十九条的规定对方才女进行行政拘留。同时，行政程序中适用了《消防安全要求》、《消防执法问题批复》和《消防安全法律适用意见》等规范性文件。这些文件对于认定消防安全违法行为和适用处罚措施具有指导作用。规范性文件的合法性审查：方才女在行政诉讼中要求对行政程序中适用的规范性文件进行合法性审查。这是公民在行政诉讼中的一项重要权利，有助于确保行政机关依法行政。

法律与政策依据：《治安管理处罚法》第三十九条规定了对于旅馆、饭店、影剧院等供社会公众活动的场所的经营管理人员违反安全规定的处罚措施。本案中，方才女的出租房被认定为"其他供社会公众活动的场所"，因此适用该条款进行处罚是正确的。《消防安全要求》、《消防执法问题批复》和《消防安全法律适用意见》等规范性文件对于消防安全违法行为的认定和处罚措施提供了具体指导。这些文件的内容并不与《治安管理处罚法》第三十九条之规定相抵触，因此可以作为行政机关执法的依据。

案件处理：一审和二审法院均驳回了方才女的诉讼请求，认为淳安县公安局的行政处罚决定合法。这一处理结果是正确的，维护了行政机关的执法权威和公共安全利益。

社会影响：本案对于加强消防安全管理和增强公民消防安全意识具有积极意义。同时，也提醒公民在出租房屋时要严格遵守消防安全规定，确保公共安全。

（3）袁西北诉江西省于都县人民政府物价行政征收一案。

背景概述：袁西北，作为江西省于都县中心城区的居民，因不满于都县人民政府对其征收的污水处理费，提起了行政诉讼。袁西北认为，自己并未向城市排污管网和污水集中处理设施排放污水，因此不应被征收该项费用。同时，他还请求法院对于都县政府实施的《于都县城市污水处理费征收工作实施方案》（以下简称《实施方案》）进行合法性审查。

关键信息分析：征收行为与法律依据：于都县政府根据袁西北的自来水使用情况征收了污水处理费。然而，根据《中华人民共和国水污染防治法》和《城镇排水与污水处理条例》的规定，征收污水处理费的对象是向城镇排水与污水处理设施排放污水、废水的单位和个人。因此，袁西北在未排放污水的情况下被征收费用显然缺乏法律依据。规范性文件的合法性审查：袁西北请求对《实施方案》进行合法性审查。《实施方案》将污水处理费的征收范围扩大至"于都县中心城区规划区范围内所有使用城市供水的企业、单位和个人"，这与上级法律法规和规范性文件的规定相违背。因此，法院在审查后认为该《实施方案》不能作为征收污水处理费的合法性依据。

裁判结果与意义：江西省高级人民法院最终判决撤销于都县政府对袁西北征收的城市污水处理费，并责令其返还已征收的1 273.2元。同时，法院还向于都县政府发送了司法建议，建议其修改涉案规范性文件的相关条款。这个案例的典型意义在于强调了行政机关在制定和执行规范性文件时必须遵循法律法规的规定，不得随意扩大或限缩公民的权利和义务，同时，也体现了司法机关在维护公民合法权益、监督行政机关依法行政方面的积极作用。本案的审理和判决，不仅保障了袁西北的合法权益，也对促进政府依法行政、提高执法质量起到了积极的推动作用。

（4）大昌三昶（上海）商贸有限公司诉北京市丰台区食品药品监督管理局行政处罚案。

背景概述：大昌三昶（上海）商贸有限公司（以下简称大昌公司）因不服北京市丰台区食品药品监督管理局（以下简称丰台食药局）对其作出的行政处罚决定，提起了行政诉讼。大昌公司认为丰台食药局所依据的《食品安全国家标准预包装食品营养标签通则》（以下简称《通则》）3.2项的规定不合法，请求法院对其进行合法性审查。

关键信息分析：行政处罚的依据与争议焦点：丰台食药局认为大昌公司经营的食品营养成分表中的中英文数值不一致，违反了《通则》3.2项的规定，因此对其作出了行政处罚。而大昌公司则认为《通则》3.2项的规定不合法，不应作为行政处罚的依据。因此，本案的争议焦点在于《通则》3.2项的合法性。规范性文件的合法性审查：法院对《通则》3.2项进行了合法性审查，认为其制定符合原《食品安全法》的立法目的，且与相关法律、法规、规章并不抵触，因此可以作为行政处罚的依据。同时，法院还指出大昌公司的行为确实构成了对《通则》3.2项的违反，因此丰台食药局作出的行政处罚并无不当。

裁判结果与意义：北京市丰台区人民法院和北京市第二中级人民法院均判决驳回了大昌公司的诉讼请求，维持了丰台食药局作出的行政处罚决定。这个案例的典型意义在于强调了规范性文件在行政诉讼中的重要性以及司法机关对规范性文件合法性的审查权。本案的审理和判决，不仅确认了《通则》3.2项的合法性，也维护了行政机关依法行政的权威性和公信力，同时，也为类似案件的审理提供了有益的参考和借鉴。

（5）郑晓琴诉浙江省温岭市人民政府土地行政批准案。

背景概述：郑晓琴，作为浙江省温岭市西城街道某村的村民，与其父母郑福兴、张菊香同户。在1997年和2013年两个关键时间点，郑家的个人建设用地申请中的人口变动成为本案的争议焦点。特别是关于郑晓琴是否应被计入有效人口的问题，引发了与温岭市人民政府（以下简称温岭市政府）的行政纠纷。

案件经过：1997年8月，郑福兴户在补办个人建设用地申请时，将郑晓琴列为在册人口。然而，到了2013年3月，当郑福兴因拆迁复建再次提交个人建房用地申请时，在册人口中却没有了郑晓琴的名字。温岭市政府在审批时，依据《温岭市个人建房用地管理办法》和《温岭市工业城二期用地范围房屋迁建补偿安置办法》的相关规定，认为郑晓琴虽为郑福兴之女且户口仍在郑福兴户名下，但因其已出嫁，属于应迁未迁人口，因此未将其计入有效人口。郑晓琴对此不服，提起了行政诉讼。她请求法院撤销温岭市政府的审批行为，并重新作出行政行为。同时，她还要求对上述两个规范性文件进行附带审查，并确认其不合法。

法院裁判：一审法院认为，温岭市政府在作出审批行为时，未对村委会上报的材料和公布程序等进行认真审查，属于认定事实不清、证据不足、程序违法。因此，法院判决撤销了温岭市政府的审批行为，并责令其在六十日内重新作出审批。同时，法院也指出上述两个规范性文件的相关规定不适用于郑晓琴。郑晓琴和温岭市政府均不服一审判决，提起了上诉。二审法院维持了一审判决，但指正了一审法院关于规范性文件不适用的表述。二审法院认为，《温岭市个人建房用地管理办法》与《温岭市工业城二期用地范围房屋迁建补偿安置办法》的相关规定不作为认定被诉审批行为合法的依据。

典型意义：本案的典型意义在于展示了行政诉讼中规范性文件附带审查的重要性。通过司法审查，法院不仅维护了郑晓琴的合法权益，也促进了行政机关及时纠正错误。同时，本案也提醒行政机关在制定和执行规范性文件时，必须遵循法律法规的规定，不得随意扩大或限缩公民的权利和义务。此外，本案还从更大范围内对"外嫁女"等群体的合法权益予以有力保护，体现了司法公正和社会进步。

（6）上海苏华物业管理有限公司诉上海市住房和城乡建设管理委员会物业服务资质行政许可案。

背景概述：上海苏华物业管理有限公司（以下简称苏华公司）在申请新设立物业服务企业资质时，因聘用的专职管理和技术人员社保缴纳记录不符合规定而遭到上海市住房和城乡建设管理委员会（以下简称上海市住建委）的拒绝。苏华公司不服此决定，提起了行政诉讼，并请求对相关规范性文件进行附带审查。

案件经过：苏华公司在向上海市住建委提交新设立物业服务企业资质核定申请时，提供了其聘用的王子文等人具备专业管理资质和技术资质的证书以及社保缴纳证明。然而，经调查发现，这些人员仅在苏华公司缴纳了一个月的社保后就停止了缴费。因此，上海市住建委认为苏华公司的申请不符合《物业服务企业资质管理办法》中关于专职管理和技术人员的要求，作出了不予批准的决定。苏华公司对此不服，向住房和城乡建设部申请了行政复议。复议维持了原决定后，苏华公司提起了行政诉讼。在诉讼中，苏华公司不仅要求撤销上海市住建委的不予批准决定和住建部的行政复议决定，还要求对《新设立物业资质通知》这一规范性文件进行附带审查。

法院裁判：一审法院认为，《物业服务企业资质管理办法》明确规定物业服务企业中从事物业管理的专业人员应当是"专职"的管理和技术人员。而根据《新设立物业资质通知》的解释和细化规定，这些专职人员应当具备服务的稳定性。结合本案证据，苏华公司聘用的相关专业人员社保缴纳记录仅持续一个月，显然不符合专职性要求。因此，法院判决驳回了苏华公司的诉讼请求。苏华公司不服一审判决提起了上诉，但二审法院维持了原判。二审法院认为一审法院对规范性文件的审查是正确的，《新设立物业资质通知》并不存在违法情形。

典型意义：本案的典型意义在于展示了行政诉讼中规范性文件附带审查的实践应用。通过司法审查，法院确认了规范性文件的合法性，并在判决中予以适用。这既维护了行政机关的权威性和公信力，也保障了法律法规的正确实施。同时，本案也提醒行政相对人在申请行政许可时，应当严格遵守相关法律法规和规范性文件的规定，确保申请材料的真实性和合法性。

（7）孙桂花诉原浙江省环境保护厅环保行政许可案。

背景概述：孙桂花是浙江省一位小型越野客车的车主。2015年3月，她的车辆被原浙江省环境保护厅核发了黄色机动车环保检验合格标志，有效期至同年6月。然而，孙桂花对此决定不满，于同年11月提起诉讼，要求撤销该标志，并对原环保部制定的《机动车环保检验合格标志管理规定》进行合法性审查。在诉讼过程中，她的车辆经过重新检测，被认定为合格，并获得了绿色机动车环保检验合格标志。

裁判要旨：浙江省杭州市西湖区人民法院在审理此案时，首先明确了原浙江省环保厅核发环保标志的职权来源，并指出其并非完全依据《机动车环保检验合格标志管理规定》作出决定。同时，法院认为该规定并未违反上位法，因此孙桂花对其合法性的质疑不能成立。然而，法院也注意到，案涉车辆实际上符合核发绿色环保标志的条件，但原浙江省环保厅最初却核发了黄色标志。这一行为与事实不符，且未遵循正当程序原则，因为环保厅未告知孙桂花可以采用技术鉴别方式核发标志。鉴于黄色标志相较于绿色标志对车主构成不利影响，如通行限制等，法院认为原浙江省环保厅的行为存在瑕疵。由于案涉标志在诉讼期间已经到期，且环保厅后来也为孙桂花的车辆核发了绿色标志，因此法院判决确认原浙江省环保厅核发黄色标志的行为违法，但不再具有实际意义。

典型意义与启示：本案的典型意义在于展示了行政诉讼中规范性文件附带审查的实践应用以及正当程序原则的重要性。首先，法院在审查规范性文件时采取了审慎的态度，通过征求制定机关的意见等方式来确保审查的准确性和公正性。这一做法为类似案件的审理提供了有益参考。其次，本案强调了正当程序原则在行政行为中的重要性。原浙江省环保厅在核发黄色标志时未遵循正当程序原则，未充分告知并保障行政相对人的知情权和选择权。这一行为不仅损害了孙桂花的合法权益，也影响了行政行为的合法性和公信力。因此，行政机关在作出行政行为时应严格遵守正当程序原则，确保行政行为的合法性和合理性。最后，本案也提醒广大车主和公众要关注环保政策的变化和自身权益的保护。在面临类似情况时，可以积极通过法律途径维护自己的合法权益。同时，也希望行政机关能够加强与公众的沟通和互动，及时回应社会关切和诉求，共同推动环保事业的健康发展。

（8）成都金牌天使医疗科技有限责任公司与四川省成都市科学技术局科技项目资助行政许可纠纷案。

背景概述：成都金牌天使医疗科技有限责任公司（以下简称金牌天使公司）研发了一款已获得专利授权的雾霾治理机，并向四川省成都市科学技术局（以下简称成都市科技局）提交了科技项目资助申请。然而，成都市科技局以申报材料不齐全为由，将申请退回要求修改。金牌天使公司对此不服，认为其项目已得到省级认可，理应满足市级资助条件，并质疑成都市科技局所依据的规范性文件的合法性，遂向法院提起诉讼。

法院裁决：一审法院审理后认为，成都市科技局的退回修改决定属于一种程序性行政行为，并未对金牌天使公司的实体权益产生直接影响。同时，法院指出，对规范性文件的审查须依附于具体行政行为的合法性审查进行。由于本案中的行政行为不属于行政诉讼的受案范围，因此金牌天使公司要求审查规范性文件的请求亦不成立。据此，法院裁定驳回了金牌天使公司的起诉。二审法院维持了一审裁定。

案件启示：本案的典型意义在于明确了规范性文件附带审查制度中的"附带性"原则。首先，审查对象须具有附带性，即只有当规范性文件直接作为被诉行政行为的依据时，才可能成为法院的审查对象。其次，审查模式须具有附带性，对规范性文件的审查应在针对具体行政行为的合法性审查中进行。最后，审查结果也须具有附带性，法院对规范性文件的审查旨在确认行政行为的合法性，而非对规范性文件本身进行单独判定。这一原则的确立有助于规范行政诉讼行为，提高司法效率，并推动依法行政和法治政府建设。此外，本案还提示我们注意行政诉讼的受案范围。并非所有的行政行为都可以纳入司法审查的范围，只有那些对当事人实体权益产生直接影响的行政行为才可能成为行政诉讼的受案对象。这一范围的界定有助于引导当事人正确行使诉讼权利，维护行政诉讼的秩序和效率。

（9）毛爱梅、祝洪兴夫妇诉浙江省江山市贺村镇人民政府行政强制拆除及赔偿一案。

背景概述：毛爱梅与祝洪兴夫妇是浙江省江山市贺村镇的生猪养殖户。2015年5月，他们与贺村镇政府达成协议，同意关停养殖场并拆除相关设施，以换取政府的奖励补助。然而，在领取补助后，夫妇二人被发现恢复了生猪养殖。贺村镇政府随即发出通知，要求他们再次关停并拆除养殖设施，但最终在未遵循法定程序的情况下对养猪场进行了强制拆除。毛爱梅、祝洪兴因此提起诉讼，要求确认政府的强制拆除行为违法，并赔偿他们的损失。同时，他们还请求法院对江山市政府的一份相关文件进行合法性审查。

法院判决：一审法院审理认为，贺村镇政府的强制拆除行为违反了行政强制法的规定，未履行必要的程序，因此判定该行为违法。然而，对于毛爱梅和祝洪兴的赔偿请求，法院认为他们所主张的损失要么不是合法财产，要么与强制拆除行为之间没有直接的因果关系，因此不符合国家赔偿法的相关规定，未予支持。至于他们请求审查的江山市政府的文件，法院认为该文件并非贺村镇政府实施强制拆除行为的法律依据，因此决定不予审查。

案件意义：本案明确了在行政诉讼中附带审查规范性文件的一些重要原则。首先，只有作为被诉行政行为依据的规范性文件才可能成为法院的审查对象。其次，对于赔偿请求，法院将严格依照国家赔偿法和相关司法解释的规定进行审查，确保只有合法权益受到直接损失的当事人才能获得赔偿。最后，本案也体现了法院在审理涉及生态环境保护的行政案件时，既要依法审查行政行为的合法性，也要充分考虑生态文明建设的重要性。

7.6.3　实战经验

1）附带规范性文件审查案件答辩思路

通过上述裁判规则和裁判，附带规范性文件审查案件答辩主要可以从以下几个方面进行：

（1）理解规范性文件的内容：首先，需要全面、深入地理解所涉及的规范性文件的内容。这包括文件的目的、适用范围、具体规定等。只有充分理解文件，才能有效地进行答辩。

（2）确定争议焦点：明确案件的主要争议点，理解原告或对方的主要论点，以及他们为何认为规范性文件存在问题。这样，可以更有针对性地进行反驳。

（3）合法性审查：对于规范性文件的合法性进行审查。这包括文件的制定程序是否合法、内容是否违反上位法等。如果存在违法情况，需要明确指出，并提供相应的法律依据。

（4）合理性审查：除了合法性，还需要对规范性文件的合理性进行审查。这包括文件的内容是否合理，是否符合公平、公正、公开的原则等。如果存在不合理之处，则需要明确提出，并提供相应的论证。

（5）证据准备：准备相关证据，证明规范性文件的合法性和合理性。这可能包括制定文件的原始记录、相关法律依据、实践中的执行情况等。

（6）清晰、有力的答辩：在答辩过程中，要保持清晰、有力的表达，明确阐述观点，并提供充分的证据支持。同时，也要注意尊重法庭和对方，避免情绪化的表达。

（7）考虑可能的反驳：在答辩前，也要考虑对方可能提出的反驳，并提前准备好应对策略。这样，在答辩过程中，就可以更加从容地应对。

2）实战案例

何某诉答辩人行政行为违法、一并审查行政规范性文件行政诉讼案，答辩人提出如下答辩意见：《某区人民政府办公室关于印发露天市场和农村大集管理实施意见的通知》（某政办发〔2020〕16号）不是行政规范性文件，不能一并附带审查。《辽宁省行政规范性文件合法性审核办法》第二条规定："本办法所称行政规范性文件，是指除地方政府规章外，由行政机关或者经法律法规授权的具有管理公共事务职能的组织，依照法定权限、程序制定并公开发布，涉及公民、法人和其他组织的权利义务，具有普遍约束力，在一定期限内反复适用的公文。"据此，行政规范性文件必须是涉及公民、法人或其他组织的权利义务，且在一定期限内可以反复适用的文件。而《某区人民政府办公室关于印发露天市场和农村大集管理实施意见的通知》是某区政府对其所属相关各部门，对某区范围内露天市场和农村大集实施行政管理的职责安排，不涉及公民、法人或其他组织的权利义务，既没有减损其权利，也没有增加其义务，系行政机关内部执行的工作方案，系一次性适用而不是可以反复适用的文件，其不属于行政规范性文件，不能在本案行政诉讼中一并附带审查。

综上所述：一并审查规范性文件，会因文件的性质、内容和审查机构的要求不同而有所不同。行政机关应根据不同情况予以答辩。

第3部分　府院联动实质性化解行政争议

8　实质性化解行政争议

近几年，检法两院推动行政诉讼从"程序空转"向"实质性化解行政争议"转变，"程序空转"到"实质性化解行政争议"的演变，也是我国行政法治的进步和对公民权益保障的重视。虽然行政机关在行政诉讼应诉过程中，可以采取一定的答辩策略。但是，为避免程序空转，应与两院建立府院联动机制，从而实现实质性化解行政争议。

8.1　实质性化解行政争议的内涵和实践探索

8.1.1　实质性化解行政争议的内涵

1）实质性化解实质争议的界定

所谓行政争议实质性化解，是指经过复议、诉讼、检察监督等相应救济程序之后，行政机关与行政相对人之间不再存在或者产生异议，不再存在争讼的标的物。行政争议实质性化解的主要表现为息诉服判，但二者并不完全相同，只有当事人真实存在需要监督的行政争议，且诉求实体合法、合理的情况，才属于实质性化解。从程序上看，经过行政复议或者行政诉讼、检察监督等程序后，当事人不再启动新的法律程序，实体层面看，行政补偿与行政赔偿等实体救济得以落实，其他实体行政法律关系得以实质处理。

2）实质性化解行政争议演变过程

自 2018 年最高人民检察院设立专门负责行政检察的第七检察厅以来，为切实解决行政诉讼中普遍存在的"程序空转"问题，满足人民群众的迫切需求，最高检展现了坚定的决心与强大的力度，努力推进行政争议的实质性解决，使原本陷入僵局的案件得到有效转机。2019 年，有一件历时超过 30 年的复杂行政争议案件，经过最高检的抗诉，最终得到了实质性的解决。这一案例不仅为广大检察人员提供了如何"办实事、求极致、解难题、葆本色"的生动教材，同时也揭示了"程序空转"和行政争议解决的难题。对此，最高检党组明确指出，在办理行政检察案件时，除了要确保依法办理和程序正当外，还必须将法律、情理和人情融为一体，切实解决人民群众的实际问题。在这一指导思想的引领下，最高检于 2019 年 11 月至 2020 年 12 月在全国范围内开展了"加强行政检察监督促进行政争议实质性化解"的专项活动。通过灵活运用挂牌督办、领导包案、公开听证和司法救助等多种工作方式，活动期间成功实质性化解了 6 304 件行政争议案件。此后，行政争议的实质性化解逐渐形成了广泛而深入的影响。2021 年，持续推进行政争议的实质性化解工作，共解决了 9 000 余件案件。到了 2022 年，随着检察工作"质量建设年"的深入推进，实质性化解的行政争议案件数量更是突破了1.7 万件，创下了历史新高。2021 年 6 月，党中央发布了《中共中央关于加强新时代检察机关法律监督工作的意见》，明确要求检察机关在全面深化行政检察监督的过程中，积极开展行政争议的实质性化解工作，以促进案件的真正解决和社会的和谐稳定。这一指导方针为检察机关进一步推进行政争议的实质性化解提供了坚实的政策支持和方向指引。①

---

① 刘亭亭.回眸五年奋斗路——新时代新理念新作为l帮当事人走出程序空转"漩涡"——检察机关开展行政争议实质性化解工作纪实［N］.检察日报，2023-03-07.

8.1.2 实践探索

1）行政审判实务界的探索

在行政争议解决方面，实务界进行了积极的探索，强调行政争议的"实质性解决"。赵大光先生和程琥院长的发言都体现了对实质性解决行政争议的重视。实务部门在实践中逐渐注意到"实质性解决争议"与"实质性化解争议"之间的区别。

2）司法实务部门的注重

司法实务部门在处理行政争议时，注重实质内涵，相对淡化术语层面的细微区别。"协调化解"等术语具有中国本土实践原创性，其指涉范围超出了"实质性解决"。

3）人民检察院的探索

最高人民检察院通过开展专项活动，积极回应行政争议实质性解决的难题。发布了典型案例，展示了行政争议实质性化解中具有普遍规律性的因素。检察机关从法律监督职能出发，拓展了行政争议实质性解决的内涵。

4）地方立法实践的亮点

地方立法中较多使用"多元化解争议"一词，体现了对多元解决机制的重视。实务界在贯彻落实党中央司法政策方针的同时，注重结合地方、行业和部门特殊性。敏锐洞察"实质性解决"与"实质性化解"之间的差别，并在实践中加以体现。

8.1.3 法律规定和观点梳理

1）最高人民法院意见

《最高人民法院关于进一步推进行政争议多元化解工作的意见》①是最高人民法院为深入贯彻习近平法治思想，推进人民法院行政争议多元化解工作而制定的重要文件。

（1）总体要求。以习近平新时代中国特色社会主义思想为指导，确

---

① 人民法院新闻传媒总社.最高人民法院关于进一步推进行政争议多元化解工作的意见 [EB/OL].［2022-01-19］. https://www.court.gov.cn/zixun/xiangqing/342761.html？eqid=cbbed2ef0 009531300000003648aa3dd.

保行政争议解决工作始终沿着正确的政治方向前进。强调非诉讼纠纷解决机制的重要性，旨在从源头上预防和化解行政争议，减轻法院负担，提高纠纷解决效率。坚持党的领导，确保行政争议解决工作的正确性和有效性；同时积极争取政府支持，为多元化解工作提供有力保障。坚持以人民为中心的发展思想，切实保护公民、法人和其他组织的合法权益，增强人民群众的获得感、幸福感和安全感。

（2）注重源头预防。助推依法行政制度体系建设：通过加强依法行政制度体系建设，提高行政机关依法行政水平，从源头上减少行政争议的发生。重大决策风险评估机制：鼓励和支持行政机关建立重大决策风险评估机制，确保决策的科学性和合法性，降低决策风险。通过建立矛盾纠纷分析研判机制，及时发现和解决潜在矛盾纠纷，防止矛盾激化和升级。推动诉源治理工作更好地融入社会治理体系，形成全社会共同参与的良好氛围。加强人民法院内部风险防范机制建设，提高应对和处置风险的能力。

（3）突出前端化解。人民法院在收到起诉材料后，应主动了解案件成因和诉讼风险，引导起诉人选择适当的非诉讼方式解决行政争议。对于特定类型的案件，如行政赔偿、补偿等，可以引导起诉人向依法设立的调解组织申请诉前调解，促进双方和解。人民法院在矛盾化解过程中应发挥指导、协调作用，帮助当事人更好地解决争议。

（4）加强工作衔接。明确诉前调解过程中的证据保全、司法确认、裁定驳回申请等程序要求，确保调解工作的规范性和有效性。规定终止调解的情形和处理方式，确保调解工作的顺利进行和及时结案。当事人在诉前调解中认可的事实，在后续诉讼中应具有相应的诉讼效力，以提高调解的权威性和公信力。对于在诉前调解中不诚信的行为，应采取相应的处理措施，维护调解工作的严肃性和公正性。

2）裁判观点

（1）行政机关重复处理行为的判定标准。

法律问题：政府基于调查补充后的事实作出与前一次行政行为结果相同的行政行为是否属于重复处理行为。

法官会议意见：在生效判决仅仅是以事实不清、主要证据不足为由撤销原行政行为的情况，行政机关重新作出行政行为时，依据新的证据，补充认定相关事项，完善决定理由，重新作出与原行政行为处理结果相同的行政行为，不属于同一事实和理由作出与原行政行为基本相同行政行为的情形。

（2）善意抵押权人为维护自身合法权益不撤销虚假登记行为确认保留权利。

法律问题：①房屋登记机构办理案涉房屋产权登记的合法性问题；②案涉房屋抵押登记的合法性问题；③判决方式问题。

法官会议意见：当事人提供虚假材料登记行为本应撤销，但抵押权人系善意第三人，为保护其合法权益，应当确认登记颁证行为无效同时保留效力，以实现其抵押权。

（3）行政行为内容正确只是缺少形式要件的属于程序违法。

法律问题：申请颁发土地承包经营权证时，未提交土地承包合同，行政机关亦未对此进行认真审查即颁发土地承包经营权证，人民法院经审理后认定取得土地承包经营权证的当事人确实是合法的承包经营者，应当对办证行为的违法性进行定性以及裁判方式进行选择。

法官会议意见：行政行为实体内容正确，仅仅是缺少形式要件的，属于程序违法。颁证案件中，土地承包经营权证的颁发行为，实质是对承包人已经实际获得土地承包经营权的民事权利的确认。所以，应当以实际取得土地承包经营权为颁证依据。申请办证时，未能提交土地承包合同等材料申报土地承包经营权证，行政机关亦未对此遗漏材料审查并要求补正，但能够证明颁证对象存在经营管理的事实，确实属于合法承包经营者的，系轻微违法，人民法院应判决确认颁证行为违法，不撤销、保留该颁证行为的法律效力。

（4）行政机关应当依法行使自我纠错的权力。

法律问题：每一个行政机关均具有自我纠错的法定职权。但是纠错的前提是必须有事实根据，遵守法定程序，依法进行，不能出尔反尔，违背诚实信用原则。

法官会议意见：乐业县政府及其相关职能部门对覃某一、黄某某违法买卖土地建设的行为进行了反复处理，出尔反尔，对历史遗留问题的处理，违背诚实信用原则。71号批复的内容是对被依法没收的土地和建筑物处理方式作出的答复意见，并未否定没收涉案土地、房屋行政处罚行为的合法性。143号函以对违法买卖土地的，应当没收在买卖土地上新建的建筑物和其他设施为由，撤销71号批复，该理由与71号批复内容不具有关联性。被诉143号函缺乏事实和法律根据，二审可能存在认定事实的主要证据不足，适用法律、法规确有错误的情形。

（5）判决撤销复议决定可以同时恢复原行政行为法律效力。

法律问题：第一，《最高人民法院关于适用〈中华人民共和国行政诉讼法〉的解释》第八十九条规定：人民法院判决撤销复议决定时，可以一并责令复议决定改变原行政行为错误复议决定或者判决恢复原行政行为的法律效力；第二，在满足撤销复议决定法定条件的情形下，人民法院应如何选择判决方式？即在一并责令复议机关重新作出何种情况下应责令复议机关重新作出复议决定，在满足撤销行政复议案件判决后恢复原行政行为的法律效力。

法官会议意见：根据《最高人民法院关于适用〈中华人民共和国行政诉讼法〉的解释》第八十九条的规定，在满足撤销复议决定法定条件的情形下，对于原行政行为认定事实清楚，主要证据充分，适用法律法规正确，程序合法的，从实质性化解行政争议、避免程序空转的角度出发，在判决撤销复议决定的同时，不应再判决责令复议机关重新作出复议决定，而是应当一并判决恢复原行政行为的法律效力。

（6）审理山林权属行政裁决案件可适用变更判决。

法律问题：审理山林权属类行政裁决案件是否可以适用变更判决。

法官会议意见：山林权属行政裁决案件的基础争议是民事争议，对民事纠纷的处理人民法院原本就享有包括变更权在内的完全司法裁判权。原告对山林权属行政裁决行为不服提起行政诉讼，实质是不服行政机关对民事争议作出的处理结果，已经包含了对民事争议的主张。且山林权属行政裁决案件直接涉及争议山林的面积确认和权属认定，属于涉及款额确定、认定的案件人民法院依法享有变更判决权。因此，对于该类案件，当事人无须再另行对民事争议一并提起民事诉讼，人民法院应当在审理行政裁决争议的同时一并对民事纠纷作出判决，定分止争。

（7）不动产转移登记自记载于不动产登记簿时发生效力。

法律问题：房屋登记事项记载于不动产登记簿，但尚未颁发权属证书，是否产生法律效力。

法官会议意见：不动产登记的功能在于以政府的公信，对不动产物权的归属进行公示，便于社会交易，确保交易安全，减少交易成本。登记事项记载于登记簿，社会公众即可查询，登记事项就产生公示效果，社会公众就会对此产生信赖。而权属证书是不动产登记机构为便于权利人与第三人交易，而向权利人颁发的确认性凭证，不能产生登记簿那样的公示效果。故登记事项一旦记载于不动产登记簿，便产生法律效力，是否颁发权属证书并不影响房屋登记产生法律效力。

（8）行政复议决定应当符合实质性化解行政争议的立法目的。

法律问题：对于实体处理结果并无不当、程序存在瑕疵的颁证行为，复议机关应当如何处理。

法官会议意见：连南县政府换发2606000578号林权证行为，实体处理结果并无不当，虽然程序违法，但直接撤销重作，得出相同的结果，违反了实质性化解行政争议的立法目的，应当依法确认换发2606000578号林权证行为违法，保留该证的法律效力。

3）最高人民检察院典型案例

新修订的《人民检察院行政诉讼监督规则》以及新印发的《人民检察院开展行政争议实质性化解工作指引（试行）》，明确规定实质性化解行政争议的原则、方式等，要求做到"一案三查"（即一查法院生效裁判是否准确，审判、执行是否合法；二查行政机关行政行为是否合法；三查有无行政争议实质性化解的可能），将实质性化解行政争议作为审查行政诉讼监督案件的必经程序贯穿监督办案的全流程、各环节，持续解决人民群众的堵点、难点和痛点。[1]最高检发布"加强行政检察监督 促进行政争议实质性化解"典型案例如下：

（1）案件一：杨某某与云南省昆明市某区人民政府的行政补偿争议。

---

① 刘亭亭.回眸五年奋斗路——新时代新理念新作为|帮当事人走出程序空转"漩涡"——检察机关开展行政争议实质性化解工作纪实［N］.检察日报，2023-03-07.

案件概述：杨某某因政府修路行为导致其租赁的花地受损，历经多年诉讼未果后，向云南省人民检察院申请监督。检察机关深入调查，发现某县政府是适格被告，并确认损害存在。在三级检察院的协同努力下，通过检察长亲自领衔办案，成功推动双方和解，杨某某获得补偿并撤回监督申请。

案件意义：本案展现了检察机关以人民为中心、解决民众正当诉求的法治思想。通过深入调查、精准监督，检察机关成功推动了行政争议的实质性解决，维护了当事人权益，彰显了检察担当。

（2）案件二：贵州徐某某辞退案。

案件概述：贵州某县中学教师徐某某因逾期未归被辞退，后提起行政复议和行政诉讼均被驳回。徐某某向检察机关申请监督，贵州省检察院经审查认为辞退决定无误，但发现未按规定发放辞退费和养老保险问题。检察长介入，推动行政机关依法依规处理，最终徐某某获得辞退费和养老保险保障，自愿撤回监督申请。

案件意义：本案是检察机关促进行政争议实质性化解的典范。面对复杂案件，检察机关积极作为，深入调查核实事实，运用释法说理策略，维护当事人合法权益的同时推动行政争议圆满解决。检察长的介入更体现了检察机关对案件的高度重视和高效处理能力。

（3）案件三：曾某某与江西省某县政府房屋征收案：检察监督促进行政争议实质性解决。

案件概述：曾某某因对江西省某县政府房屋征收补偿方案不满提起诉讼，历经多轮法律程序后向检察机关申请监督。检察机关在确认征收决定和裁判无误的基础上，积极搭建沟通平台，推动双方达成共识并解决实体权益问题。通过深入沟通和多项措施，曾某某最终与政府和解并领取补偿款，实现了案件的圆满解决。

案件意义：本案体现了检察机关在行政诉讼监督中的积极作用，不仅审查法律适用和行政行为合法性，更关注当事人真实诉求和矛盾焦点。通过搭建沟通平台、引导当事人理性表达诉求，检察机关成功促进行政争议的实质性解决，维护了社会和谐稳定。

（4）案件四：新疆水泥公司与市政府、房产公司土地纠纷案：检察机关实质性化解行政争议的典范。

案件概述：新疆某市政府为解决国企职工住房问题出让土地给房产公司开发，但因土地权属纠纷引发长达12年的行政诉讼。检察机关将此案纳入实质性化解范围并重点督办，成立专案组进驻当地深入调查协调。经过不懈努力，最终成功化解土地争议，使职工得以安居乐业，维护了各方合法权益。

案件意义：本案展现了检察机关在复杂棘手行政争议案件中的责任担当和解决问题能力。通过深入评估论证、成立专案组进驻当地等措施，检察机关成功推动了行政争议的实质性化解，实现了多赢共赢的局面。此案为类似纠纷的解决提供了有益借鉴和参考。

（5）案件五：吴某与河北省某市人社局、省人社厅工伤认定及行政复议抗诉案：突破劳动关系界限，维护工伤职工权益。

案件概述：吴某在河北某建筑项目工作时受伤，因无法证明与建筑公司的劳动关系，其工伤认定申请被某市人社局拒绝。经历行政复议和多次诉讼未果后，吴某向检察机关求助。河北省人民检察院经审查认为，存在违法转包、分包情况下，工伤保险责任不应受劳动关系限制。最终通过抗诉，成功促使法院纠正错误判决，维护了吴某的工伤权益。

案件意义：本案彰显了检察机关在维护职工权益、监督法律正确实施方面的重要作用。通过突破劳动关系界限，检察机关为工伤职工提供了有力的法律保障，同时促进了法院和行政机关对相关法律规定的准确理解和适用。

（6）案件六：方某与湖南省某市自然资源和规划局、向某行政争议案：检察机关抗诉促进行政行为规范化。

案件概述：方某因邻居向某违建影响其房屋通风采光而投诉至某市规划局。规划局作出责令改正决定，但方某不服并提起行政诉讼。经历多次诉讼后，方某向检察机关申请监督。湖南省人民检察院经审查认为规划局决定性质错误、滥用自由裁量权，且方某与案件有利害关系。通过抗诉，成功促使法院撤销原决定，并推动行政机关规范执法行为。

案件意义：本案体现了检察机关在促进行政行为规范化、保障公民权益方面的积极作用。通过抗诉和监督，检察机关促使行政机关明确区分行政命令与行政处罚，规范自由裁量权运用，为类似案件的处理树立了典范。同时，个案与类案监督的结合有效解决了城乡规划领域中的执法问题，展现了检察机关以人民为中心的工作导向和法律效果与社会效果的有机统一。

（7）案件七：韩某与河南省某市人社局工伤认定纠纷：检察机关抗诉保障劳动者权益。

案件概述：韩某的丈夫薛某在工作中突发疾病死亡，但因其死亡地点不在狭义的工作场所，某市人社局拒绝了韩某的工伤认定申请。经历多次诉讼后，韩某向检察机关求助。河南省人民检察院通过精准把握工伤保险法规，成功抗诉并监督法院纠正了错误判决，最终保障了劳动者的工伤权益。

案件意义：本案不仅彰显了工伤保险制度在保障劳动者权益方面的重要性，也体现了检察机关在维护社会公平正义、保障劳动者权益方面的积极作用。通过明确"工作岗位"等核心概念的界定，以及强调用人单位在工伤认定中的举证责任，本案为类似案件的处理树立了典范，确保了劳动者在遭受职业伤害时能够获得应有的法律保障。

（8）案件八：张某与四川省某市社保局社保费稽核整改争议检察监督案。

案件概述：张某因社保缴费工资基数问题向某市社保局投诉其所在单位汽运公司。市社保局发出稽核整改意见后，因张某与汽运公司之间的分歧一直未能得到解决。经历多次诉讼后，张某向检察机关申请监督。某市检察院通过积极沟通协调、主持公开听证程序等方式，成功推动了长达七年的行政争议的解决，并就社保稽核管理工作向市社保局提出了有针对性的检察建议。

案件意义：本案充分展示了检察机关在化解社会矛盾、维护社会和谐稳定方面的积极作用。通过秉持人民至上的理念、运用"枫桥经验"调和冲突、借助公开听证程序确保公正等方式，检察机关成功推动了行政争议的圆满解决，并促进了社会养老保险稽核管理工作的规范化。同时，通过向社保部门提出检察建议，检察机关还推动了社会保险基金的安全保障工作，为社会的和谐稳定作出了积极贡献。此外，本案也为类似案件的处理提供了有益借鉴和参考。

（9）案件九：宋某与浙江省温州市某区人力资源和社会保障局工伤保险检察监督案。

案件概述：湖北籍工人宋某在温州市一工地工作期间受伤，由于未与公司签订劳动合同且公司未为其缴纳社会保险，他向乙区人社局投诉。尽管后来与公司达成和解并放弃了工伤补偿权利，但宋某被鉴定为八级伤残后多次提起民事诉讼要求支付工伤保险待遇均被驳回。他再向甲区人社局申请劳动保障监察，要求公司为其缴纳社会保险和支付工伤保险待遇，但甲区人社局决定撤销立案。历经行政诉讼未能满足诉求后，宋某向温州市检察院申请监督。

检察院经审查认为，虽然原审判决和行政机关处理均无不当，但考虑到公司已破产且宋某无法通过法律途径获得补偿，检察院引导其转变诉求，并与两区人社局协商达成救济方案。最终，通过远程视频听证会，宋某接受了7万元的司法救助金并撤回了监督申请。

案件意义：本案不仅展示了检察机关在行政诉讼监督中的积极作用，更凸显了其在实质性化解行政争议、保障当事人合法权益方面的人文关怀和司法温度。通过灵活运用监督职能、引导当事人转变诉求、协商行政机关提供救济方案以及利用现代信息技术举行远程视频听证会等方式，检察机关成功促成了争议的实质性化解，并为因行政行为受到损害的当事人提供了司法救助。这一做法不仅体现了检察机关对人民群众的人文关怀，也为类似案件的处理提供了有益借鉴。

（10）案件十：张某某与广西壮族自治区某市人力资源和社会保障局行政确认检察监督案。

案件概述：张某某作为某单位的聘用职工和退役军人，在工作中受伤导致胸部受损。他向某市人社局申请工伤认定，但因超过法定期限而不予受理。经历行政复议和行政诉讼均未能成功后，张某某向检察机关申请监督。

检察机关介入与结果：广西壮族自治区人民检察院受理了张某某的监督申请并进行详细调查核实。虽然确认某市人社局的不予受理决定和法院裁判均符合法律规定，但检察机关也注意到了张某某作为退役军人和低保户家庭的特殊身份以及因伤导致的生活困境。在确认法律裁判无误的同时，检察机关认为张某某符合国家司法救助条件，并积极为其申请了司法救助以缓解生活困难。

案件意义：本案体现了检察机关在维护法律公正的同时，也积极关注民生、提供司法救助并体现人文关怀。通过为因案致贫、因案返贫的困难群众提供司法救助，检察机关不仅解决了当事人的实际困难，更传递了司法的温度和力度。这一做法彰显了"以人民为中心"的司法理念，也为类似案件的处理提供了有益参考。

（11）案件十一：刘某青、谢某梅与安徽省某县自然资源和规划局、第三人任某土地行政确认检察监督案。

案件概述：刘某青与谢某梅因一条约1米宽的不规则梯形隔巷的土地使用权与任某发生纠纷。该隔巷原属于刘某青与谢某梅的父亲（已故）和任某共同从某生产队获得的土地使用权的一部分。然而，在2004年，某县国土局错误地将这条隔巷登记在了任某的名下。刘某青和谢某梅在2015年提出异议并要求变更登记，但遭到任某的拒绝，导致变更登记无法完成。经过一审、二审和再审的行政诉讼，刘某青和谢某梅的诉求均未得到法院支持。

在刘某青和谢某梅向检察机关申请监督后，池州市人民检察院介入调查，发现行政机关在登记过程中存在程序瑕疵，如未履行公告程序、部分签名非本人所签等问题。为了实质性化解这起长达十多年的行政争议，检察机关决定采取牵头协调、公开听证的方式进行处理。在听证会上，检察机关通过厘清矛盾根源、讲述传统文化故事"六尺巷"等方式，最终促成双方达成和解协议。2020年10月12日，双方顺利完成了变更登记手续。

案件意义：本案展现了检察机关在处理行政争议时的法治与德治相结合的理念。检察机关不仅深入调查事实、指出行政机关的程序瑕疵，还通过公开听证、讲述传统文化故事等方式化解矛盾，实现了法律效果与社会效果的有机统一。这种处理方式既维护了当事人的合法权益，又促进了社会的和谐稳定。同时，本案也为类似行政争议的处理提供了有益借鉴和参考。

（12）案件十二：江苏某机电设备有限公司与某市人社局、沈某庆等五人工伤认定检察监督案。

案件概述：江苏某机电设备有限公司员工沈某和在工作中突发疾病死亡，其父沈某庆向某市人社局申请工伤认定。然而，由于双方对工伤认定及赔偿问题存在严重分歧，导致长达6年的法律纠纷，涉及行政、民事、仲裁等多个案件。在公司向市检察院申请监督后，市检察院进行了全面深入的调查核实工作，并了解到双方之间存在严重的对立情绪。

为了实质性化解这起复杂的行政争议，市检察院决定从推动关联民事案件调解入手。承办检察官通过释法说理、邀请人社部门解读政策等方式与公司沟通，并积极与法院沟通协调，为双方搭建了一个公正、透明的调解平台。经过不懈努力，双方最终就赔偿数额达成一致意见，公司同意市人社局的工伤认定意见并撤回了监督申请。同时，在市检察院的推动下，公司与沈某庆签订了和解协议，相关民事诉讼也得以自愿调解结案。

案件意义：本案充分体现了检察机关在推动行政争议实质性化解中的积极作用和担当精神。面对复杂棘手的行政纠纷和激烈的矛盾冲突，市检察院没有就案办案、机械司法，而是抓住解决行政争议的关键——民事赔偿问题入手进行调解。通过深入调查核实、释法说理以及与各方当事人的沟通协调等工作，检察机关成功推动了关联民事案件的调解和行政争议的实质性化解。这种处理方式既维护了法律的公正和权威，又体现了对当事人的关怀和尊重；既解决了当事人的实际问题，又促进了社会的和谐稳定。同时，本案也为类似行政争议的处理提供了有益借鉴和参考，彰显了检察机关在推动行政争议多元化解机制建设中的重要地位和作用。

8.2 实质性化解行政争议案件实务解析与研究

为避免程序空转，从实质性化解行政争议的角度，行政案件的答辩可以围绕以下几个方面进行：

1）深入理解行政争议的核心问题

仔细研究行政案件的具体内容，深入了解行政争议的核心问题，包括行政行为的合法性、合理性、程序是否正当等方面。明确争议的关键点，为后续的答辩工作奠定基础。

2）全面收集和审查证据

全面收集与行政争议相关的证据材料，包括行政行为的依据、程序记录、相关文件等。对证据进行仔细审查，确保证据的真实性和合法性，为答辩提供有力的支持。

3）依法依规进行答辩

根据行政法律法规和相关政策，依法依规进行答辩。对于行政行为的合法性、合理性等方面进行充分阐述和辩护，确保答辩内容符合法律法规的规定。

4）积极沟通和协商

在答辩过程中，积极与对方进行沟通和协商，充分听取对方的意见和建议。通过对话和交流，寻找解决问题的可能性，为实质性化解行政争议创造条件。

5）提出合理的解决方案

在深入了解和全面审查证据的基础上，提出合理的解决方案。这可能包括修改行政行为、给予行政赔偿、提供补救措施等。确保解决方案既符合法律法规，又能满足当事人的合理需求。

6）强化法律释明工作

对于当事人对行政法律法规理解不足或存在误解的情况，加强法律释明工作。用通俗易懂的语言和方式，向当事人解释相关法律法规和政策依据，帮助其理解行政争议的本质和解决方案的合理性。

7）接受监督并改进工作

对于行政机关在行政过程中存在的问题和不足，要勇于承认并接受监督。根据监督意见和建议，及时改进工作，提高行政行为的合法性和合理性，减少行政争议的发生。

综上，从促进社会和谐稳定的角度，实质性化解行政争议。

8.3 府院联动实质性化解行政争议

8.3.1 人民法院实质性化解的困境

1）理论上的障碍

（1）法律体系的复杂性：法律体系庞大且复杂，不同的法律之间可能存在冲突或模糊地带，这给法官在适用法律时带来困难。比如，某地方政府为了推进城市建设，决定对某片区域进行征收。在这个过程中，涉及的法律规范可能有《土地管理法》《城乡规划法》《征收与补偿条例》等。这些法律规范在征收程序、补偿标准、争议解决等方面都有详细的规定，但彼此之间可能存在冲突或不一致之处。同时，由于征收行为涉及公民的财产权等重要权益，因此还需要考虑《中华人民共和国宪法》《中华人民共和国民法典》等相关法律的规定。这使得整个征收过程的法律适用问题变得非常复杂。

（2）法律滞后性：社会在不断发展变化，而法律往往具有一定的滞后性，无法及时适应新的社会现象和问题。在行政诉讼中，以不可调解为原则，可调解为例外的规定。例如，涉及行政赔偿、补偿以及行政机关行使法律法规规定的自由裁量权的案件，人民法院都可以进行调解。这些规定为人民法院在行政诉讼中适用调解提供了一定的法律依据。然而，由于法律规定的调解范围相对较窄，可能无法满足司法实践中的全部需求。在实践中，许多行政争议往往涉及复杂的利益关系和多元的利益诉求，单纯通过判决可能难以达到定分止争、案结事了的效果。此时，如果能够适当地引入调解机制，通过协商、妥协的方式解决争议，可能更有利于化解社会矛盾、维护社会和谐稳定。也就是说，诉前调解缺乏直接的法律依据，甚至还有损法院中立形象、不符合立案登记制精神[①]。

（3）法律解释的不确定性：法律解释是法官的重要职责之一，但不

---

① 章志远.新时代行政审判因应诉源治理之道［J］.法学研究，2021（3）：192-208.

同的法官可能对同一法律条文有不同的解释，导致司法裁判的不一致性。法律解释的不确定性是指在对法律条文进行解释时，由于语言、文化、社会背景等多种因素的影响，不同的解释者可能会得出不同的解释结果。这种不确定性可能会导致法律适用的不一致性和不可预测性。比如，假设有一条法律规定："禁止在公共场所吸烟。"这条法律看似简单明了，但实际上存在解释的不确定性。

首先，对于"公共场所"的定义就可能存在不同的解释。一些人可能认为只有室内场所才算公共场所，而室外场所如公园、广场等则不算；而另一些人则可能认为只要是公众可以自由进入的场所，无论是室内还是室外，都应该算作公共场所。这种对"公共场所"的不同理解就可能导致法律解释的不确定性。

其次，对于"吸烟"的定义也可能存在争议。一些人可能认为只有点燃烟草才算吸烟，而使用电子烟或其他替代品则不算；而另一些人则可能认为只要是吸入烟雾或类似物质的行为都应该算作吸烟。这种对"吸烟"的不同理解同样可能导致法律解释的不确定性。

最后，即使对"公共场所"和"吸烟"的定义达成了一致，对于法律条文的适用也可能存在不同的解释。例如，在某些情况下，一些人可能认为在公共场所的指定吸烟区域内吸烟是允许的，因为这并不违反法律的规定；而另一些人则可能认为即使存在指定吸烟区域，也应该完全禁止在公共场所吸烟。

2）实质性化解的困境

（1）案件积压：随着社会的快速发展，诉讼案件数量不断增加，导致法院面临巨大的案件积压压力，难以迅速、有效地处理所有案件。

（2）证据收集和审查困难：在一些案件中，证据可能难以收集或存在争议，这给法官认定事实和作出裁判带来困难。

（3）执行难：执行是司法程序的重要环节，但在一些案件中，被执行人可能逃避执行或缺乏执行能力，导致执行难以到位。

（4）司法公信力不足：一些社会事件和舆论对司法公信力产生负面影响，导致公众对司法裁判的信任度降低。

3）一并解决民事争议的困境

虽然《行政诉讼法》第六十一条对民行交叉问题作出了可以一并审理的规定①，但是，在实际司法实践中，该条款的具体运用却饱受争议。由于缺乏详尽的操作指南，加之法官在审理过程中拥有较大的自由裁量权，行政与民事争议一并解决的机制并未得到有效实施。这种情况导致这一旨在全面、实质性地解决纠纷的机制未能如期发挥其应有的作用。

8.3.2　人民检察院实质性化解的困境

1）信息孤岛问题

在某市的一起土地征收案件中，行政机关和人民法院之间的信息沟通不畅，导致检察机关在介入时难以获取全面、准确的案件信息。这使得检察机关在判断行政行为的合法性以及提出有效监督建议方面面临困难，无法充分发挥其在行政争议实质性化解中的作用。

2）监督手段有限

在一起环保行政处罚案件中，检察机关发现行政机关的处罚决定存在明显不当之处，但由于监督手段有限，仅能通过提出检察建议的方式进行监督。然而，行政机关对检察建议的重视程度不够，导致监督效果不佳，行政争议未能得到有效化解。

3）专业能力不足

在某起涉及复杂金融产品的行政许可案件中，检察机关缺乏相关领域的专业知识和经验，难以对行政行为的合法性进行准确判断。这使得检察机关在监督过程中感到力不从心，无法为行政争议的实质性化解提供有力支持。

4）法律制度滞后

在一起新兴领域的行政争议案件中，相关法律制度尚未完善，导致检察机关在处理案件时缺乏明确的法律依据。这使得检察机关在监督过

---

① 《中华人民共和国行政诉讼法》第六十一条："在涉及行政许可、登记、征收、征用和行政机关对民事争议所作的裁决的行政诉讼中，当事人申请一并解决相关民事争议的，人民法院可以一并审理。在行政诉讼中，人民法院认为行政案件的审理需以民事诉讼的裁判为依据的，可以裁定中止行政诉讼。"

程中面临无法可依的困境，难以对行政行为进行有效监督和制约。

上述例子表明，人民检察院在实质性化解行政争议方面仍面临着诸多困境和挑战。为了更好地发挥检察机关的行政监督职能，需要进一步加强信息沟通、创新监督手段、提升专业能力以及推动法律制度的完善。

8.3.3 行政机关实质性化解的困境

行政机关在实质性化解行政争议方面面临一些困境，这些困境可能源于多个方面，包括制度设计、资源配置、思想观念等。以下是对这些困境的一些分析：

1）制度层面的限制

现有的行政法律制度可能未能为行政机关提供足够的灵活性和空间来进行实质性化解。例如，某些法律规定可能过于刚性，不允许行政机关在争议解决过程中进行必要的妥协和调整。

2）资源和能力的约束

行政机关可能缺乏足够的人力、财力和专业能力来有效处理复杂的行政争议。实质性化解行政争议需要投入大量的时间和精力进行调查、协商和调解，而行政机关可能因资源有限而无法充分满足这些需求。

3）对调解的认知和态度

一些行政机关可能对调解持保守或消极的态度，认为调解可能损害其权威性和公共利益。这种观念可能阻碍行政机关积极参与实质性化解行政争议的努力。

4）当事人的不信任和对抗

在行政争议中，当事人双方往往存在激烈的矛盾和对抗情绪。这种不信任和对抗可能使行政机关难以在争议双方之间找到共同点和解决方案。

5）缺乏有效的协调和沟通机制

行政机关与其他相关机构（如司法机关、社会组织等）之间可能缺乏有效的协调和沟通机制，这导致在实质性化解行政争议过程中出现信息不畅、协作不力等问题。

8.3.4　行政机关如何通过府院联动实质性化解行政争议

1）扩大行政争议化解范围

行政机关通过府院联动实质性化解行政争议，扩大行政争议化解范围，例如：

（1）行政处罚争议：当事人对行政机关作出的行政处罚决定不服，认为处罚过重、程序不当或事实认定错误等。

（2）行政许可争议：涉及行政机关是否给予许可、许可条件设置、许可程序等方面的争议。

（3）行政征收征用争议：包括土地征收、房屋拆迁、资源征用等，当事人对征收征用决定或补偿安置方案有异议。

（4）行政确认争议：如对行政机关确认的土地权属、房屋产权、婚姻登记等具体行政行为产生的争议。

（5）行政给付争议：涉及行政机关应当给予当事人的抚恤金、社会保险待遇、最低生活保障等给付义务的履行问题。

（6）行政协议争议：行政机关与公民、法人或其他组织签订的行政协议（如特许经营协议、政府购买服务协议等）在履行过程中产生的争议。

（7）行政复议和行政诉讼中的其他争议：当事人在行政复议或行政诉讼过程中对行政机关的具体行政行为提出异议，需要行政机关与法院共同协调处理的案件。

2）建立常态化的府院沟通机制

定期召开府院联席会议，共同研讨行政争议案件，分析案件特点、难点，并探讨解决方案。通过面对面的交流，增进双方对彼此工作的理解和支持；设立专门的联络机构或指定联络人员，负责日常沟通、信息传递和协调工作。确保双方能够及时掌握行政争议案件的最新动态，共同推动案件的实质性化解。

3）强化行政机关与法院的协作配合

在行政争议案件处理过程中，行政机关应主动与法院进行对接，共同制定处理方案。双方可以就案件的事实认定、法律适用等问题进行深入探讨，确保处理结果的公正性和合法性；行政机关应积极配合法院的调查取证工作，提供必要的证据材料和协助。同时，法院也应依法对行政机关提供的证据进行审查认定，确保案件的公正处理。

4）推动行政争议调解工作

行政机关应充分发挥调解在行政争议解决中的作用，主动与当事人进行协商沟通。通过耐心细致的调解工作，促使双方达成和解协议，实现案结事了人和；法院可以积极参与行政争议的调解工作，为双方提供法律指导和帮助。在调解过程中，法院可以依法对调解协议进行司法确认，赋予其强制执行力，确保调解结果的有效履行。

5）加强法治宣传和教育工作

行政机关和法院应共同加强法治宣传和教育工作，增强公众的法治意识和依法维权能力。通过举办普法讲座、发布典型案例等方式，引导公众正确理解和适用法律规定，减少不必要的行政争议；双方可以联合开展针对行政机关工作人员的法治培训活动，提高他们的法律素养和依法行政能力。通过培训和学习，行政机关工作人员能够更加熟悉和掌握与本职工作相关的法律法规和政策规定，从源头上减少行政争议的发生。

6）完善相关配套制度

建立健全行政争议预防机制，通过制定科学合理的政策措施和规范性文件，提前预防和减少行政争议的发生；完善行政争议解决机制，包括完善行政复议、行政诉讼等制度，为当事人提供多元化的救济途径和方式；加大对行政机关依法行政的监督力度，确保行政机关在行使职权过程中严格遵守法律规定和程序要求。对于违法或不当的行政行为，及时予以纠正和处理。

8.3.5 不同类型案件府院联动实质性化解行政争议处理机制

1）类型一：城市拆迁补偿纠纷

在某城市拆迁补偿纠纷中，由于补偿标准不明确和双方沟通不畅，居民与行政机关产生了激烈的争议。为了实质化解这一纠纷，行政机关主动与法院联动，采取以下措施：

（1）联合调查与评估：行政机关与法院共同组织专家对拆迁区域进

行评估，确保补偿标准的科学性和合理性。

（2）调解前置：在案件进入诉讼程序前，行政机关利用法院的调解资源，与当事人进行多轮调解，寻求双方都能接受的补偿方案。

（3）司法确认：一旦双方达成协议，法院迅速对调解协议进行司法确认，赋予其法律效力，确保双方权益得到保障。

2）类型二：环境污染行政处罚案件

在一起环境污染行政处罚案件中，企业对行政机关的处罚决定不服，认为处罚过重且程序不当。为了化解这一行政争议，行政机关与法院进行联动处理：

（1）案件审查与指导：法院对行政处罚决定的合法性和适当性进行审查，并提供法律指导，确保行政行为的合法性。

（2）听证与协商：行政机关组织听证会，邀请法院参与，共同听取企业的陈述和申辩，寻找合理的解决方案。

（3）调整处罚决定：在法院的指导下，行政机关对处罚决定进行适当调整，确保其既符合法律要求，又能被企业接受。

3）类型三：劳动保障行政确认案件

在劳动保障领域，工伤认定案件引发了劳动者与行政机关之间的争议。

（1）联合调查取证：行政机关与法院共同调查取证，确保工伤认定的事实。

（2）法律解释与适用：法院对工伤认定的法律条款进行解释和适用指导，确保行政行为的准确性。

（3）调解与裁决：在事实清楚的基础上，行政机关与法院共同组织调解，促使双方达成协议。如果调解不成，法院及时作出裁决，保障劳动者的合法权益。

综上所述，行政机关通过府院联动实质性化解行政争议需要多方面的努力和配合。通过建立常态化的沟通机制、强化协作配合、推动调解工作、加强法治宣传和教育以及完善相关配套制度等措施的实施，可以有效地促进行政机关与法院之间的良性互动和合作共赢，为实质性化解行政争议提供有力保障。

参考文献

[1]　姜明安. 行政诉讼法 [M]. 北京：法律出版社，2007.

[2]　张树义. 行政法与行政诉讼法 [M]. 北京：高等教育出版社，2007.

[3]　章志远. 行政诉讼法前沿问题研究 [M]. 济南：山东人民出版社，2010.

[4]　关保英. 行政法与行政诉讼法——理论·实务·案例 [M]. 北京：中国政法大学出版社，2010.

[5]　《行政法与行政诉讼法》编写组. 行政法与行政诉讼法 [M]. 北京：高等教育出版社，2018.

[6]　梁凤云. 新行政诉讼法讲义 [M]. 北京：人民法院出版社，2015.

[7]　江必新. 中华人民共和国行政诉讼法理解适用与实务指南 [M]. 北京：中国法制出版社，2022.

[8]　江必新. 新行政诉讼法专题讲座 [M]. 北京：中国法制出版社，2015.

[9]　江必新，梁凤云. 最高人民法院新行政诉讼法司法解释理解与适用 [M]. 北京：中国法制出版社，2016.

[10]　田勇军. 行政判决既判力扩张问题研究兼与民事判决既判力相关问题比较 [M]. 北京：中国政法大学出版社，2015.

[11]　李广宇. 理性诉权观与实质法治主义 [M]. 北京：法律出版社，2018.

[12]　殷清利. 新《行政诉讼法》实务解析与裁判指引 [M]. 北京：法律出版社，2015.

[13]　梁凤云. 最高人民法院行政诉讼批复答复解释与应用（起诉受理卷）[M]. 北京：中国法制出版社，2012.

[14] 李广宇. 政府信息公开司法解释读本 [M]. 北京：法律出版社，2011.

[15] 李少平. 最高人民法院第五巡回法庭会议纪要 [M]. 北京：人民法院出版社，2021.

[16] 全国人大常委会法制工作委员会行政法室. 中华人民共和国行政诉讼法解读 [M]. 北京：中国法制出版社，2014.

[17] 马立群. 行政诉讼标的研究：以实体与程序连接为中心 [M]. 北京：中国政法大学出版社，2013.

[18] 林莉红. 行政诉讼法学 [M]. 武汉：武汉大学出版社，2015.

[19] 何海波. 行政诉讼法 [M]. 北京：法律出版社，2022.

[20] 杨济浪. 行政诉讼案例与实务 [M]. 北京：清华大学出版社，2015.

[21] 叶赞平. 行政诉讼管辖制度改革研究 [M]. 北京：法律出版社，2014.

[22] 甘文. 行政诉讼法司法解释之评论 [M]. 北京：中国法制出版社，2000.

[23] 姜明安. 行政诉讼法学 [M]. 北京：北京大学出版社，1993.

[24] 薛刚凌. 行政诉权研究 [M]. 北京：华文出版社，1999.

[25] 最高人民法院第三巡回法庭. 典型行政案件理解与适用 [M]. 北京：中国法制出版社，2019.

[26] 最高人民法院第三巡回法庭. 最高人民法院行政案件裁判观点与文书指导 [M]. 北京：中国法制出版社，2018.

[27] 最高人民法院第四巡回法庭. 最高人民法院第四巡回法庭典型行政案件裁判观点 [M]. 北京：法律出版社，2020.

[28] 最高人民法院第一巡回法庭. 最高人民法院第一巡回法庭行政主审法官会议纪要（第一卷）[M]. 北京：中国法制出版社出版，2020.

[29] 最高人民法院行政审判庭. 最高人民法院行政审判庭法官会议纪要（第二辑）[M]. 北京：人民法院出版社，2023.

[30] 王敬波. 政府信息公开国际视野与中国发展 [M]. 北京：法律出版社，2016.

[31] 吴在存. 行政疑难案件裁判规则与法律适用 [M]. 北京：法律出版社，2020.

[32] 贺小荣. 最高人民法院第二巡回法庭法官会议纪要（第二辑）[M]. 北京：人民法院出版社，2021.

[33] 蔡小雪. 行政审判与行政执法实务指引 [M]. 北京：人民法院出版社，2009.

[34] 梁君瑜. 论行政诉讼中的重复起诉 [J]. 法制与社会发展，2020，26（5）：51-67.

[35] 马立群. 行政诉讼标的理论溯源及其本土化路径 [J]. 比较法研究，2022

（6）：88-102.

[36] 成协中. 论我国行政诉讼的客观诉讼定位 [J]. 当代法学，2020，34（2）：75-86.

[37] 陈杭平. 诉讼标的理论的新范式——"相对化"与我国民事审判实务 [J]. 法学研究，2016，38（4）：170-189.

[38] 王贵松. 行政诉讼判决对行政机关的拘束力——以撤销判决为中心 [J]. 清华法学，2017（4）：83-103.

[39] 黄涧秋. 因同一行政行为发生的行政案件的既判力问题——基于诉讼标的之考察 [J]. 苏州大学学报（法学版），2021，8（4）：87-96.

[40] 陈晓彤. 重复起诉识别标准的统一与分立——诉讼系属中与裁判生效后重复起诉的"同异之辨"[J]. 甘肃政法学院学报，2019（5）：31-40.

[41] 姬亚平，燕晓婕. 检察机关参与行政争议诉源治理的理据与工作机理 [J]. 人民检察，2021（15）：20-25.

[42] 王昌荣. 通过诉源治理把矛盾纠纷化解在源头 [J]. 人民周刊，2021（19）：71-72.

[43] 马磊，王红建. 行政争议诉源治理机制研究 [J]. 河南财经政法大学学报，2021，36（2）：50-62.

[44] 章志远. 新时代行政审判因应诉源治理之道 [J]. 法学研究，2021，43（3）：192-208.

[45] 张立新，刘浩. 行政检察溯源治本的理念引领与实现方式 [J]. 人民检察，2022（8）：19-22.

[46] 徐肖东. 行政诉讼规范性文件附带审查的认知及其实现机制——以陈爱华案与华源公司案为主的分析 [J]. 行政法学研究，2016（6）：69-83.

[47] 江必新. 法律规范体系化背景下的行政诉讼制度的完善 [J]. 中国法学，2022（3）：24-38.

[48] 中国政法大学法治政府研究院. 行政协议的司法审查 [EB/OL]. [2021-06-13]. http://fzzfyjy.cup.edu.cn/info/1223/13043.htm.

索引